W0221460

# Chancen

**Chancen in der Region Karlsruhe**

Attraktive Bildungsangebote von
Ausbildungsbetrieben und Hochschulen,
Akademien, Fachschulen und Institutionen

**Messehandbuch der vocatium Karlsruhe 2025**

Weitere Informationen über die Anbieter unter
**www.erfolg-im-beruf.de/suchboerse**

Dieses Messehandbuch gehört:

______________________________________________

MIX
Papier | Fördert gute Waldnutzung
FSC® C044084

**Chancen in der Region Karlsruhe**
© IfT Institut für Talententwicklung GmbH
www.erfolg-im-beruf.de
Redaktion: Luise Neumann

Weitere Fotos: Pressebilder und Archivbilder der Institutionen/Firmen/Hochschulen

ISBN 978-3-944942-66-7
3., überarb. Auflage – Januar 2025
Druck und Bindung: Silber Druck GmbH & Co. KG · Lohfelden

vocatium

**Fachmesse für Ausbildung+Studium**
**vocatium Karlsruhe 2025**
3. und 4. Juni 2025

in der Gartenhalle im Kongresszentrum Karlsruhe
Festplatz 3
76137 Kalrsruhe

**Öffnungszeiten:**
08:30 – 14:45 Uhr

**Der Eintritt ist frei!**

**Veranstalter:**
IfT Institut für Talententwicklung GmbH, Berlin

**Kooperationspartner:**
Deutsche Gesellschaft e. V.

**Organisation:**
IfT Institut für Talententwicklung Süd GmbH
Hanns-Schwindt-Straße 11
81829 München

**Gesprächstermine/Anfragen:**
Ansprechpartner: Philipp Moser
Tel.: 0721 14598623
E-Mail: p.moser@if-talent.de

Schülerterminabsagen bitte per E-Mail bis 26. Mai 2025

# Inhalt

**Grußworte**
Winfried Kretschmann, Ministerpräsident des Landes Baden-Württemberg ........ 7
Theresa Schopper, Ministerin für Kultus, Jugend und Sport Baden-Württemberg ........ 8
Dr. Frank Mentrup, Oberbürgermeister der Stadt Karlsruhe ........ 9

**Allgemeine Informationen**
Informationen zur vocatium Karlsruhe 2025 ........ 3
vocatium Schulpreis ........ 6
Deutsche Gesellschaft ........ 10
Elterninformation: Terminorganisation, Datenschutz und Unterstützung ........ 11
Digitaler Eltern-Informationsabend ........ 12
Sechs Schritte zu deinem erfolgreichen Messebesuch ........ 13
Vorbereitung auf das Messegespräch ........ 14
Vortragsprogramm vocatium Karlsruhe ........ 15
Welche Berufe und Studiengänge passen zu mir? ........ 16
Nutze das Messegespräch für deine Bewerbung! ........ 18
vocatium auf Social Media ........ 26
Zertifikat für gute Messegespräche ........ 26
Schritt für Schritt zum Messegespräch mit Expert/innen ........ 60
Internetadressen zur Ausbildungs- und (dualen) Studienwahl ........ 82
vocatium *videochat* – bundesweite digitale Berufswahlmesse für Jugendliche+Eltern ........ 90
Typische Fragen im Messe- oder Vorstellungsgespräch ........ 102
Checkliste mit Tipps für deinen erfolgreichen Messebesuch ........ 106
IfT Institut für Talententwicklung ........ 116
Forum MINT auf der vocatium Karlsruhe ........ Umschlagrückseite

**Teil I:**
**Beratungsinstitutionen/Verbände ........ 17**
DEHOGA Baden-Württemberg ........ 19
Handwerkskammer Karlsruhe ........ 20
Industrie- und Handelskammer (IHK) ........ 21
Informationszentrum Zahn- und Mundgesundheit Baden-Württemberg (IZZ) ........ 22
Rechtsanwaltskammer Karlsruhe ........ 23
Verband der Immobilienverwalter Baden-Württemberg ........ 24

**Teil II:**
**Ausbildungsbetriebe ........ 25**
Allianz ........ 27
Amtsgericht Karlsruhe ........ 28
AOK – Die Gesundheitskasse Mittlerer Oberrhein ........ 29
Ardagh Glass ........ 30
Atruvia ........ 31
Basalt | Südwest Asphalt ........ 32
Bilfinger ........ 33
BUNDESPOLIZEI ........ 34
Bundeswehr ........ 35
Burghardt+Schmidt ........ 36
Carl Roth ........ 37
Contargo Wörth-Karlsruhe ........ 38
DACHSER Logistikzentrum Karlsruhe ........ 39
DEICHMANN ........ 40
Deutsche Bahn ........ 41
Deutsche Rentenversicherung Baden-Württemberg ........ 42
DFS Deutsche Flugsicherung ........ 43
dm-drogerie markt ........ 44
EDEKA Südwest Fleisch ........ 45
EHRMANN Einrichtungshäuser ........ 46
EMERSON ASCO Numatics ........ 47
Eurofins Agroscience Services EcoChem ........ 48
Finanzverwaltung Baden-Württemberg, Finanzamt Karlsruhe Stadt ........ 49
Flowserve Flow Control | Quantum Gesellschaft für berufliche Bildung ........ 50

Haus Edelberg Dienstleistung für Senioren ....... 51
Heinrich Schmid ....... 52
Hermann Ultraschalltechnik ....... 53
HÖRGERÄTE SEIFERT ....... 54
Hosting Solutions ....... 55
Impuls Soziales Management ....... 56
Karlsruher Institut für Technologie – KIT 57
Kerntechnische Entsorgung Karlsruhe ....... 58
Kloster Hornbach ....... 59
Kommunaler Versorgungsverband Baden-Württemberg ....... 61
Landratsamt Karlsruhe ....... 62
Landeskreditbank Baden-Württemberg – Förderbank– (L-Bank) ....... 63
Lidl ....... 64
L'ORÉAL Deutschland ....... 65
NORMA ....... 66
Physik Instrumente (PI) ....... 67
Polizeipräsidium Karlsruhe ....... 68
Präsidium Technik, Logistik, Service der Polizei ....... 69
Schwabe ....... 70
Siemens ....... 71
Siemens Energy Global ....... 72
SRH Klinikum Karlsbad-Langensteinbach 73
Stadt Karlsruhe ....... 74
TransnetBW ....... 75
VEMA Versicherungsmakler ....... 76
Versorgungsanstalt des Bundes und der Länder (VBL) ....... 77
Volksbank pur ....... 78
weisenburger bau ....... 79
XXXLutz Karlsruhe ....... 80
ZOLL ....... 81

**Teil III:**
**Akademien/Fachschulen/Gap-Year ....... 83**
Akademie für Kommunikation Karlsruhe 84
Bernd Blindow Gruppe ....... 85
Carlo Schmid Schule ....... 86
EF Education (Deutschland) ....... 87
SRH Fachschulen ....... 88

**Teil IV:**
**Hochschulen ....... 89**
Albert-Ludwigs-Universität Freiburg ....... 91
Bundeswehr (Universitäten) ....... 92
Duale Hochschule Baden-Württemberg Karlsruhe ....... 93
FOM Hochschule ....... 94
Hochschule für Wirtschaft und Umwelt Nürtingen-Geislingen ....... 95
Hochschule Karlsruhe (Die HKA) University of Appplied Sciences ....... 96
Hochschule Offenburg ....... 97
Hochschule Pforzheim – Gestaltung, Technik, Wirtschaft und Recht ....... 98
Hochschule Worms ....... 99
iba | Internationale Berufsakademie der F+U Unternehmensgruppe ....... 100
IU Internationale Hochschule ....... 101
Karlshochschule International University 103
Pädagogische Hochschule Karlsruhe ....... 104
SRH Hochschulen ....... 105
Universität Basel ....... 107

**Übersicht aller Beratungsangebote ....... 108**
Ausbildungsangebote ....... 108
Duale Studienangebote ....... 110
Studienangebote ....... 112
Sonstige Beratungsangebote ....... 115

Liebe Leserinnen und Leser,
das IfT Institut für Talententwicklung ist für die Verwendung geschlechtergerechter Sprache sensibilisiert. Die in den Texten des vorliegenden Messehandbuchs verwendeten Personenbezeichnungen folgen der aktuellen Empfehlung des Rates für deutsche Rechtschreibung und richten sich an Menschen sämtlicher Geschlechtsidentitäten. Für die inhaltliche und sprachliche Gestaltung der einzelnen Anzeigen sind die jeweiligen Aussteller verantwortlich.

vocatium

# Film ab: Eure Videos zur Berufswahl!

## vocatium Schulpreis

1. Film drehen
2. Einsenden
3. Preisgeld gewinnen

Jetzt mit eurem Video mitmachen!

Infos zur Teilnahme am Wettbewerb findet ihr unter:
www.erfolg-im-beruf.de/vocatium-schulpreis

Der Rechtsweg ist ausgeschlossen.

# Grußwort

© Staatsministerium Baden-Württemberg

Ein wertvolles Geschenk, das wir unseren Kindern geben können, ist eine gute Bildung. Sie ist der Schlüssel zum beruflichen Erfolg, zur gesellschaftlichen Teilhabe und zur demokratischen Partizipation. Der Schulabschluss ermöglicht jungen Menschen die Freiheit, das Leben fortan selbst in die Hand zu nehmen.

Das IfT Institut für Talententwicklung unterstützt sie dabei, in dieser neu gewonnenen Freiheit den richtigen Weg für sich zu finden. Die landesweit angebotene Ausbildungs- und Studienberatungsmesse vocatium bietet viele Informationen, die jungen Menschen helfen, eine gute Entscheidung über ihre berufliche Zukunft zu treffen. Während der Messen können die Teilnehmerinnen und Teilnehmer in spannenden Vorträgen und Einzelgesprächen mit Unternehmens- und Hochschulvertreterinnen und -vertretern mehr über die Anforderungen und Karrierechancen verschiedenster Berufe und Studiengänge erfahren.

Ein guter Übergang von der Schule ins Berufsleben ist nicht nur für die individuelle Entwicklung jedes Einzelnen von großer Bedeutung – er ist auch die Grundlage dafür, dass Baden-Württemberg weiterhin auf Erfolgskurs bleibt. Unsere Wirtschaft ist auf hoch qualifizierte Fachkräfte aus den unterschiedlichsten Bereichen angewiesen. Für die Aussteller sind solche Messen eine hervorragende Gelegenheit, mit unseren zukünftigen Fachkräften in Kontakt zu treten und sie für ihr Studienangebot oder Unternehmen zu begeistern.

Mein herzlicher Dank gilt dem IfT, das mit seinen vocatium-Fachmessen einen wichtigen Beitrag dazu leistet, dass Baden-Württemberg ein Musterland für gute Arbeit bleibt. Ich wünsche allen Teilnehmerinnen und Teilnehmern, dass dieses Angebot ihnen dabei hilft, die für sie beste Entscheidung über ihren Weg ins Berufsleben oder Studium zu finden!

Winfried Kretschmann

Winfried Kretschmann
Ministerpräsident des Landes Baden-Württemberg

# Grußwort

© Kultusministerium Baden-Württemberg

Liebe Schülerinnen und Schüler,

ganz ehrlich: Ich wusste auch nicht schon immer, dass ich Politikerin werden möchte, und manchmal haben mich die ständigen Fragen von Onkeln und Tanten, den Eltern und Lehrern nach meinem Berufswunsch auch genervt. „Was willst du später eigentlich mal werden, willst du studieren oder eine Ausbildung machen?" Aber irgendwann beginnt man selbst darüber nachzudenken, wo man sich später beruflich sieht, was man erreichen will (und was nicht) und welche Berufe zu den eigenen Stärken passen. Spätestens wenn das Ende der Schule so langsam in Sicht kommt, werden diese Gedanken intensiver. Genau an diesem Punkt seid ihr jetzt vermutlich.

Natürlich müsst ihr bei dieser Zukunftsentscheidung vor allem auf euch selbst hören und dabei berücksichtigen, was eure Stärken sind und was euch Freude bereitet. Aber schon das ist manchmal gar nicht so einfach. Es gibt ja (fast) unendlich viele Möglichkeiten und von manchen Ausbildungs- bzw. Studiengängen habt ihr wahrscheinlich nur eine vage Vorstellung. Gerade deshalb lohnt es sich, dass ihr euch informiert, dass ihr nachfragt und euch einen guten Überblick über eure Möglichkeiten verschafft. Die Gelegenheit dazu bietet euch die Fachmesse vocatium. Hier könnt ihr auf Entdeckungstour gehen und mehr über verschiedene Berufsfelder, Ausbildungsangebote und Studiengänge erfahren. Hier könnt ihr unkompliziert mit Mitarbeiterinnen und Mitarbeitern von Unternehmen oder Hochschulen ins Gespräch treten. Sie helfen euch herauszufinden, welcher Beruf zu euch passen könnte, und beschreiben euch, wie der Weg dorthin aussieht. Und möglicherweise lernt ihr dabei auch den einen oder anderen Beruf erst kennen, den ihr bislang noch gar nicht auf dem Zettel hattet.

Ich wünsche euch viele interessante Begegnungen mit Menschen und Berufen bei eurem Messebesuch und vor allem alles erdenklich Gute für eure berufliche Zukunft und euren weiteren Lebensweg!

Eure

Theresa Schopper
Ministerin für Kultus, Jugend und Sport Baden-Württemberg

# Grußwort

© Stadt Karlsruhe

Die Berufswahl am eigenen Kompass ausrichten!

Was will ich eigentlich? Und in welcher Dosis? Zugegeben, sehr allgemeine Fragen, aber gleichzeitig existenzielle. Auch zu Beginn und im Laufe des Berufslebens stoßen wir alle darauf, wenn es darum geht, die eingeschlagene Richtung und Intensität zu hinterfragen. Besonders dringlich stellen sich diese Fragen bei der ersten „großen" Richtungsentscheidung direkt nach der Schule – und da ist die Verunsicherung mitunter besonders groß: Welcher Beruf passt zu mir? Was sind meine Stärken, meine Ziele? Was macht mir besonderen Spaß, wo finde ich mich wieder?

Und vielleicht auch: Stimmt meine Vorstellung mit der Berufspraxis überein? Oder könnte ich an anderer Stelle glücklicher werden? Die vocatium-Fachmesse hat sich hier in Karlsruhe als Möglichkeit etabliert, den eigenen Wünschen „auf den Zahn" zu fühlen, seinen bzw. ihren Kompass auszurichten. Gezielte Gesprächstermine mit den ausstellenden Firmen und Hochschulen bieten die Möglichkeit, konkrete Details zu Berufen und Arbeitsplätzen zu erfahren.

Stichwort Kompass richtig ausrichten: Seefahrer, heißt es, hätten früher sogar drei Kompasse auf See mitgeführt. Bei nur einem Ersatz wäre im Fall eines Defekts unklar, welches der beiden Instrumente die richtige Richtung weist. Ein dritter Kompass bestärkt hingegen den noch funktionierenden. Wer sich darauf einlässt, für den kann eine Fachmesse möglicherweise den entscheidenden „dritten Kompass" bieten, der zwischen Intuition und tatsächlicher Berufspraxis darin bestärkt, den richtigen Weg zu finden.

Dr. Frank Mentrup
Oberbürgermeister der Stadt Karlsruhe

Deutsche Gesellschaft e. V.

# Wir fördern das Miteinander in Deutschland und Europa

**Deutsche Gesellschaft e. V.**
Mauerstraße 83/84
10117 Berlin

Tel.: 030 88412141
E-Mail: dg@deutsche-gesellschaft-ev.de

www.deutsche-gesellschaft-ev.de

Vertretungsberechtigte:
Niels Annen,
MdB, Parl. Staatssekretär (Vorsitzender)
Dr. Sabine Bergmann-Pohl,
Bundesministerin a. D., Präsidentin der Volkskammer a. D. (Vorsitzende)

Dr. Christiane Schenderlein,
MdP (geschäftsführendes Vorstandsmitglied)
Linda Teuteberg,
MdP (geschäftsführendes Vorstandsmitglied)

Dr. Lars Lüdicke
(Bevollmächtigter des Vorstandes)

Dr. Niels Dehmel
(Geschäftsführer)

Im Januar 1990 gründeten Menschen aus Ost und West die Deutsche Gesellschaft e. V. mit dem Ziel, den deutschen und europäischen Einigungsprozess zu unterstützen. Als gemeinnütziger Verein der politischen Bildung veranstaltet sie u. a. Workshops, internationale Austauschprogramme und Wettbewerbe für Schülerinnen und Schüler im gesamten Bundesgebiet. Jugendlichen wird damit eine Stimme gegeben, und sie können auf Augenhöhe an der Diskussion wichtiger gesellschaftlicher und politischer Fragen der Gegenwart und Zukunft mitwirken.

Im Mittelpunkt stehen Workshops und Zeitzeugengespräche zur Geschichte und Gegenwart Deutschlands und Europas sowie Projekte zur Demokratiebildung. Darüber hinaus widmet sich die DG weiteren wichtigen Fragen der Gegenwart: Welchen Einfluss hat die Digitalisierung auf die Gesellschaft und Arbeitsplätze der Zukunft? Wie meistern wir die großen Herausforderungen des Klimawandels? Und welchen Beitrag kann jeder Einzelne für eine demokratische und weltoffene Gesellschaft leisten?

Nähere Informationen zu den kostenfreien Bildungsangeboten, die auch direkt an Schulen stattfinden können, finden sich auf der Homepage.

# Elterninformation: Terminorganisation, Datenschutz und Unterstützung

Liebe Eltern, liebe Erziehungsberechtigte,

auf der vocatium-Messe erhalten Schüler/innen die Gelegenheit, mit Mitarbeiter/innen von Unternehmen, Fach- und Hochschulen sowie Institutionen zu sprechen. Sie können sich über Berufswege nach dem Schulabschluss informieren oder persönlich vorstellen. Die Besonderheit der vocatium-Messe: Für die Jugendlichen werden vorab terminierte Gespräche mit den Ausstellern organisiert. Nachfolgend informieren wir Sie hierzu über wichtige Details.

**Vorbereitung und Anmeldung:**
Ihr Kind wurde im Unterricht durch das vocatium-Team auf die Messe vorbereitet. Dazu hat es dieses Handbuch sowie einen Anmeldebogen mit den Beratungsangeboten der Aussteller erhalten. Auf diesem Anmeldebogen können bzw. konnten die Jugendlichen bis zu vier Gesprächswünsche angeben. Stehen Sie Ihrem Kind bei der Auswahl der Gesprächswünsche gern beratend zur Seite.

**Datenschutz:**
Mit der Abgabe des Anmeldebogens nehmen die Schüler/innen an der Terminvergabe teil. Ausschließlich zu diesem Zweck werden Name, Schule, Klasse und Terminwünsche vom Organisationsbüro gespeichert und an jene Aussteller übermittelt, für die Termine vergeben werden können. Einen Monat nach der Messe werden die persönlichen Daten von uns gelöscht.

**Terminorganisation und -absagen:**
Die Schule sammelt die von den Jugendlichen ausgefüllten Bögen ein und sendet sie dem vocatium-Organisationsbüro zu. Auf Basis der Gesprächswünsche werden bis zu vier Termine je Teilnehmer/in vergeben. Das vocatium-Büro sendet die Termine, gedruckt auf persönlichen Einladungsbögen, etwa 14 Tage vor der Messe an die Lehrkräfte. Diese leiten die Einladungen an ihre Schüler/innen weiter. Jedes Gespräch dauert ca. 15 – 20 Minuten. Wer einen oder mehrere Termine nicht wahrnehmen kann, wird gebeten, diese bis zur vorgegebenen Frist (siehe Seite 3) abzusagen. Spätere Abmeldungen sollten durch Mitschüler/innen am Messetag direkt beim Aussteller erfolgen.

**Chancen nutzen:**
Zu den Gesprächsterminen bei den Ausstellern der Messe werden die Schüler/innen erwartet. Damit die Jugendlichen das Gespräch gut mitgestalten können, ist es ratsam, sich vorab gut vorzubereiten: Ihr Kind sollte sich Fragen überlegen und Antworten auf mögliche Gegenfragen parat haben. Auch eine angemessene Kleidung und Pünktlichkeit sind vorteilhaft.

Die Messe bietet den Schüler/innen die Möglichkeit, den „Ernstfall“ und die selbstständige Gesprächsführung zu üben. Wer in seiner Berufswahl schon sicher ist, kann zu Gesprächen bei Unternehmen gleich eine Bewerbungsmappe mitbringen und sich als potenzielle/r Auszubildende/r vorstellen. Unterstützen Sie Ihr Kind gern bei der Vorbereitung auf die Gespräche. **Wichtig:** Neben den fest vereinbarten Terminen können die Schüler/innen auch spontan weitere Gespräche mit Unternehmen, Fach- und Hochschulen sowie Institutionen führen. Der Eintritt der Messe ist kostenfrei.

Wir wünschen Ihrem Kind einen guten Start in die Berufswelt!

Ihr vocatium-Organisationsteam

vocatium parentum

## Digitaler Informationsabend

## Eltern-Coaching: Das Kind auf dem Weg ins Berufsleben unterstützen

**Wenn es um die Berufswahl geht, sind Sie als Eltern die wichtigsten Ratgeber Ihrer Kinder. Schließlich kennen Sie Ihr Kind am besten.**

Auf dem digitalen Elternabend fassen wir für Sie die wichtigsten Aspekte der Berufsausbildung zusammen und geben praktische Tipps, wie Sie Ihr Kind auf dem Weg in den Beruf unterstützen können.

**Termine 2025:**
**5. März und 17. September**
Jeweils mittwochs, 19:00 – 20:30 Uhr

Um Voranmeldung an eltern@if-talent.de wird gebeten.

Mehr Infos unter: **www.erfolg-im-beruf.de/angebote/fuer-eltern**

IfT Institut für Talententwicklung

# Sechs Schritte zu deinem erfolgreichen Messebesuch auf der vocatium Karlsruhe

**1. Überlege, was du werden willst**
Du hast schon eine Idee, welchen Weg du nach der Schule einschlagen möchtest? Prima, dann mach mit Schritt zwei weiter. Bist du dir noch nicht sicher, welcher Beruf für dich infrage kommt, stehen dir z. B. kostenlose Tests im Internet zur Verfügung (Beispiele Seite 16). Auch Gespräche bei Berufsberater/innen der Agentur für Arbeit, mit der Familie und mit Freunden können weiterhelfen.

**2. Informiere dich über die Aussteller**
Im Handbuch findest du alles Wichtige über die beteiligten Unternehmen, Institutionen und Hochschulen sowie ihre Ausbildungs- und Studienangebote. Eine Übersicht des gesamten Beratungsangebots findest du auf den Seiten 108 bis 116. Eine weitere Informationsquelle sind die Homepages der Messeaussteller. Auf **www.erfolg-im-beruf.de** findest du das **vocatium *magazin*** mit Videos, Interviews und Neuigkeiten zur Berufswahl sowie die **Suchbörse** mit digitalen Ausstellerprofilen.

**3. Melde dich an**
Vom Messeteam erhältst du einen Anmeldebogen. Trage bitte bis zu vier Gesprächswünsche ein. Die Hauptfrage lautet: Für welche Berufe oder Studienfächer interessierst du dich? Gib den ausgefüllten Anmeldebogen an deine Lehrkraft zurück.

**4. Du erhältst Gesprächstermine**
Das Messebüro arrangiert für dich bis zu vier von dir gewünschte 15- bis 20-minütige Termine mit Berater/innen der Aussteller. Diese Termine werden dir ca. 14 Tage vor Messebeginn über deine Schule mitgeteilt. Auf der Messe kannst du natürlich zusätzlich spontan weitere Gespräche mit anderen Ausstellern führen.

**5. Bereite dich auf deine Gespräche vor**
Sobald du deine Gesprächstermine kennst, solltest du dich inhaltlich gut vorbereiten. Überlege dir vorab: „Was will ich fragen?" Schreibe deine konkreten Fragen auf. Mach dir ein genaueres Bild von den Firmen, Institutionen und Berufen. Stelle dich auch auf Gegenfragen ein. Überlege dir gut, was dich ausmacht. Was sind deine Stärken? Warum passt der Beruf / das Studium / das Unternehmen zu dir? Empfehlenswert ist es gegebenenfalls, eine Bewerbung vorzubereiten, um dir Anregungen dazu zu holen (siehe Abschnitt 6).

Achte auf angemessene Kleidung und ein ordentliches Äußeres. Hose, Rock, Shirt, Hemd oder Bluse sollten sauber und passend zu deinem Berufswunsch ausgewählt werden. Vermeide tiefe Ausschnitte oder unpassende Schriftzüge auf den Kleidungsstücken. Schüler/innen, die sich besonders gut auf ihre Gespräche vorbereiten, erhalten als Anerkennung ein Zertifikat (Seite 26).

**6. Am Messetag: Nutze die Chance und zeige dich von deiner besten Seite**
Sei am Messetag rechtzeitig vor Ort und orientiere dich mithilfe des Standplanes. Gehe pünktlich zu deinen Terminen. Keine Sorge, die Aussteller freuen sich auf dich. Mit einer freundlichen Begrüßung und einem Lächeln ist das Eis schnell gebrochen. Jetzt kannst du deine Fragen stellen und deinem Gesprächspartner lauschen.

# Vorbereitung auf das Messegespräch – mögliche Fragen an Personalleiter/innen und Ausbildungsleiter/innen

**Fragen zu Beruf und Ausbildung:**

- Wie sieht ein normaler Arbeitstag in Ihrem Unternehmen aus?
- Kann ich berufliche Schwerpunkte während oder nach der Ausbildung setzen?
- Wo findet die Ausbildung statt?
- Wo ist die Berufsschule?
- Besteht die Möglichkeit, die Ausbildung zu verkürzen?
- Wie sind die Arbeitszeiten in der Ausbildung?
- Wovon hängt eine Übernahme nach Beendigung der Ausbildungszeit ab?
- Gibt es innerbetriebliche Fortbildungen?
- Wie viele verschiedene Einsatzbereiche gibt es, in denen ich nach Abschluss der Ausbildung arbeiten könnte? Welche Einsatzbereiche wären es?
- Wie hoch ist die Ausbildungsvergütung?
- Welche Weiterbildungs- und Aufstiegsmöglichkeiten gibt es?

**Fragen zum dualen Studium:**

- Wie ist der zeitliche Ablauf des dualen Studiums bei Ihnen?
- Mit welcher Hochschule/Berufsakademie arbeiten Sie zusammen?
- Übernehmen Sie bei einem dualen Studium die Studiengebühren?
- Werde ich während des dualen Studiums von einem/einer Mentor/in begleitet?
- Welche Eignungen sind neben dem Abitur (der FH-Reife) mitzubringen?
- Welche beruflichen Perspektiven habe ich nach dem Studium?

**Fragen zu den Voraussetzungen:**

- Was erwarten Sie allgemein von Bewerber/innen?
- Wie flexibel (z. B. pendeln vom Wohnort zum Ausbildungsbetrieb) muss ich sein?
- Worauf achten Sie besonders beim Zeugnis?
- Brauche ich gute oder sehr gute Sprachkenntnisse? Um welche Sprachen handelt es sich?
- Welche grundlegenden Voraussetzungen sollte ich mitbringen?

**Fragen zur Bewerbung:**

- An wen richte ich die Bewerbung?
- Bevorzugen Sie Online-Bewerbungen oder die klassische Mappe per Post?
- Kann ich mich initiativ bewerben? Wann ist Bewerbungsschluss?
- Auf welche Unterlagen legen Sie besonderen Wert?
- Nach welchen Kriterien wählen Sie die Bewerber/innen aus?
- Führen Sie Einstellungstests durch?
- Bitte deine/n Gesprächspartner/in um ein kurzes Feedback zu deinem Auftreten:
  - Wie habe ich auf Sie gewirkt?
  - Ist meine Kleidung angemessen?
  - Was kann ich in einem „echten" Bewerbungsgespräch verbessern?

# Vortragsprogramm vocatium Karlsruhe

## Dienstag, 3. Juni 2025

10:00 – 10:20 Uhr Forum MINT
**Schüler/innen fragen Azubis – mit Impulsvorträgen zu Ausbildungen und dualen Studiengängen**
*Landeskreditbank Baden-Württemberg – Förderbank / L-Bank*
- *Fachinformatiker (Ausbildung)*
- *Bachelor of Arts BWL-Bank (Duales Studium)*

*TransnetBW*
- *Elektroniker für Betriebstechnik (Ausbildung)*
- *Energie- und Umwelttechnik (Duales Studium)*

10:40 – 11:00 Uhr Forum MINT
**Maschinelles Lernen für Robotersysteme**
*Jun.-Prof. Dr.-Ing. Rania Rayyes, AI & Robotics, Institut für Fördertechnik und Logistiksysteme (IFL), Karlsruher Institut für Technologie (KIT)*

11:20 – 11:40 Uhr
**"Dual studieren – Dein Weg zwischen Theorie und Praxis" Stelle Deine Fragen direkt an die Experten und Expertinnen!**
*Duale Hochschule Baden Württemberg – Hochschule Worms*

12:00 – 12:40 Uhr Forum MINT
**Science Slam – junge Forscher/innen batteln um den Tagessieg**
*Forschung – leicht verständlich und unterhaltsam präsentiert*

13:00 – 13:20 Uhr Forum MINT
**Aus dem Leben einer Pharmazeutisch-technischen Assistenz: Das Geheimnis der Teeproduktion**
*Bernd Blindow Gruppe*

## Mittwoch, 4. Juni 2025

09:20 – 09:40 Uhr Forum MINT
**Aus dem Leben einer Pharmazeutisch-technischen Assistenz: Das Geheimnis der Teeproduktion**
*Bernd Blindow Gruppe*

10:00 – 10:20 Uhr
**"Dual studieren – Dein Weg zwischen Theorie und Praxis" Stelle Deine Fragen direkt an die Experten und Expertinnen!**
*Duale Hochschule Baden Württemberg – Hochschule Worms*

10:40 – 11:00 Uhr Forum MINT
**Maschinelles Lernen für Robotersysteme**
*Jun.-Prof. Dr.-Ing. Rania Rayyes, AI & Robotics, Institut für Fördertechnik und Logistiksysteme (IFL), Karlsruher Institut für Technologie (KIT)*

11:20 – 11:40 Uhr
**Bei Azubis nachgefragt: Arbeitsalltag Krankenhaus – was erwartet mich in der Pflege?**
*SRH Klinikum Karlsbad-Langensteinbach*
- *Pflegefachkraft (Ausbildung)*

12:00 – 12:40 Uhr Forum MINT
**Science Slam – junge Forscher/innen batteln um den Tagessieg**
*Forschung – leicht verständlich und unterhaltsam präsentiert*

Stand Januar 2025 – Änderungen vorbehalten

# Welche Berufe und Studiengänge passen zu mir?

Was kann ich nur werden? Was kann ich besonders gut? Welcher Beruf passt zu mir und welche Voraussetzungen benötige ich dafür? Oder soll ich lieber studieren? Mit diesen und vielen weiteren Fragen solltest du dich beschäftigen, bevor du die Schule verlässt. Erste Antworten und Anregungen findest du unter: **www.erfolg-im-beruf.de/vocatium-magazin**

Ein Online-Selbsttest ist ein weiterer Schritt, um solche Fragen zu beantworten. Nähere Informationen, Online-Tests zur Selbsteinschätzung sowie Übungsaufgaben zum Auswahlverfahren findest du unter den folgenden Links:

**Online-Tests zur Berufswahl:**
- www.arbeitsagentur.de/bildung/welche-ausbildung-welches-studium-passt
- www.planet-beruf.de
- www.ausbildungspark.com/berufstest
- www.perspektiven-finden.com/berufe/welcher-beruf-passt-zu-mir
- www.aubi-plus.de/berufscheck
- www.bewerbung.com/berufswahltest (Xing; kostenlose Registrierung notwendig)
- www.schuelerpilot.de/orientierungstest (kostenlose Registrierung notwendig)

**Online-Studienberatungstests bzw. Online-Self-Assessments (OSA):**
- www.osa-portal.de (unabhängiges Vergleichsportal)
- www.studis-online.de/StudInfo/selbsttests.php
- www.cct-germany.de (Test für Lehramtsinteressierte)
- www.studium.ruhr-uni-bochum.de/de/tools-zur-studienorientierung

**Kostenpflichtige Tests zur Berufs- und Studienwahl:**
- www.explorix.de (14,88 Euro)
- www.geva-institut.de (ab 23,80 Euro)

**Eignungstest zu Talenten und Sozialkompetenzen:**
- www.testedich.de

**Übungen zum Auswahlverfahren bzw. Einstellungstest:**
- www.focus.de/finanzen/karriere/bewerbung/einstellungstest
- www.einstellungstest-fragen.de
- www.ausbildungspark.com/einstellungstest

**Berufe-Filmportal der Bundesagentur für Arbeit:**
- www.berufe.tv

Für die Inhalte von externen Internetseiten wird keine Haftung übernommen. Bild: yarruta/Freepik
Stand Juli 2024 – Änderungen vorbehalten

# Teil I:

# Beratungsinstitutionen/Verbände

Auf den folgenden Seiten sind die Ausbildungsberufe und (dualen) Studiengänge mit ihren vorausgesetzten Schulabschlüssen wie folgt gekennzeichnet:

* = Erster Schulabschluss / Hauptschulabschluss
** = Mittlerer Schulabschluss /Realschulabschluss / Werkrealschulabschluss
*** = Abitur / Allgemeine Hochschulreife / Fachhochschulreife

# Nutze das Messegespräch für deine Bewerbung! Hier findest du Formulierungen für dein Anschreiben

Wenn du dich nach der Messe bei deinem Wunschaussteller bewirbst, kannst du auf das Messegespräch Bezug nehmen. Damit hebst du dich von anderen Bewerber/innen ab und zeigst, dass du dich in besonderem Maße mit dem Unternehmen auseinandergesetzt hast. Vielleicht kann sich dein/e Gesprächspartner/in auch an dich erinnern.

Nachfolgend findest du einige Formulierungsideen für deine Bewerbung. Du kannst die einzelnen Sätze natürlich abwandeln, kürzen, ergänzen und auf dich und deine persönliche Situation beziehen.

„Vielen Dank für das persönliche Gespräch, das wir im Juni auf der vocatium Karlsruhe geführt haben. Es hat mich darin bestärkt, mich bei Ihnen als Auszubildende/r bzw. duale/r Student/in zu bewerben."

„Auf der vocatium Karlsruhe haben Sie / Ihre Kolleginnen und Kollegen die Ausbildung in Ihrem Unternehmen vorgestellt. Besonders gut hat mir dabei gefallen, dass es bei Ihnen eigenständige Projekte für Auszubildende gibt."

„Auf der vocatium Karlsruhe schilderten Sie / Ihre Kolleginnen und Kollegen mir die Anforderungen an Auszubildende / dual Studierende für Ihr Unternehmen. Mit meiner heutigen Bewerbung möchte ich Ihnen gerne aufzeigen, wie ich dieses Profil erfüllen kann."

„Durch das Messehandbuch zur vocatium Karlsruhe bin ich auf Ihre Ausbildungsangebote / Ihre Ausbildung zum XY aufmerksam geworden. Besonders gut hat mir XY gefallen. Deshalb möchte ich mich heute bei Ihnen bewerben."

Bild: Racool_studio/Freepik

Eine Initiative des

Kofinanziert vom Ministerium für Wirtschaft, Arbeit und Tourismus Baden-Württemberg

Kofinanziert von der Europäischen Union

# Karriere im Gastgewerbe: Dein Weg, Dein Ziel, Deine Chance

**Hotel- und Gaststättenverband DEHOGA Baden-Württemberg e. V.**
Augustenstraße 6
70178 Stuttgart
www.dehogabw.de

**Ansprechpartnerin: Stephanie Radtke**
Tel.: 0721 706029
E-Mail: radtke@hotel-anker-eggenstein.de

Unsere Website rund um Ausbildung, Studium und Karriere im Gastgewerbe:

**www.wir-gastfreunde.de**

Wir geben gerne Bewerbungstipps und beantworten alle Fragen. Derzeit haben wir ca. 5.000 Auszubildende in ganz Baden-Württemberg.

**Ausbildung (m/w/d):**
- Fachkraft für Gastronomie*
- Fachkraft Küche*
- Fachmann/-frau für Restaurants und Veranstaltungsgastronomie**/***
- Fachmann/-frau für Systemgastronomie**/***
- Hotelfachmann/-frau**/***
- Kaufmann/-frau für Hotelmanagement***
- Koch/Köchin**/***

Mit der Mittleren Reife lässt sich durch Teilnahme am Dualen Berufskolleg zusätzlich zur Ausbildung die Fachhochschulreife erwerben.

**Duales Studium:**
- BWL – Tourismus, Hotellerie und Gastronomie (B. A.)***

**Zusatzqualifikationen für Abiturienten (m/w/d):**
- Barmanagement
- Hotel- und Gastronomiemanagement
- Küchen- und Servicemanagement

Unsere Betriebe bieten sehr gerne Praktika an.

Du bist freundlich und kommunikativ? Arbeitest gerne mit Menschen und liebst Abwechslung? Dann ist eine Ausbildung im Gastgewerbe genau das Richtige für Dich. Erlebe Teamwork in angenehmer Arbeitsumgebung, erhalte Einblicke in die unterschiedlichsten Bereiche, sammle Berufserfahrung im Ausland.

Gut ausgebildete Fachkräfte sind weltweit sehr gefragt: Unsere sieben Ausbildungsberufe bieten je nach Neigungen und Fähigkeiten viele Chancen, um sich zu entwickeln. Motivation und Engagement sind der Schlüssel zum Erfolg. Schulabgänger aller Schularten finden bei uns den passenden Einstieg.

Zugegeben, die Arbeitszeiten sind anders, aber nicht länger als in anderen Branchen. Und gleichzeitig gibt es eine Vielzahl von Karrierechancen national wie auch international. Wir freuen uns auf Dich!

HWK

# Zeit, zu machen


**Handwerkskammer Karlsruhe**
Friedrichsplatz 4 – 5 · 76133 Karlsruhe

Tel.: 0721 1600-0
www.hwk-karlsruhe.de

Ansprechpartner: Jonas Sämann
E-Mail: saemann@hwk-karlsruhe.de


**Beratungsangebot (m/w/d):**
Ausbildungsberatung und Vermittlung ins Handwerk – passgenau für Schulabgänger/innen aller Schularten*/**/***

Mit über 130 verschiedenen Berufen im Handwerk hast du jede Menge Perspektiven.

Du willst dich als Meister oder Meisterin qualifizieren, in die Selbstständigkeit oder ins Studium gehen? Dann komm ins Handwerk und nutze die Chance auf eine erfolgreiche Führungskarriere! Weitere Infos:
www.hwk-karlsruhe.de/lehrstellen

**Hier geht es zur Onlinedarstellung**

Karriere vorprogrammiert: Im Handwerk stehen dir alle Türen offen.

Die Handwerkskammer Karlsruhe ist eine Selbstverwaltungseinrichtung, die ihre mehr als 20.000 Mitgliedsunternehmen mit vielseitigen Angeboten und Beratungsleistungen unterstützt.

Auf dem Gebiet der Aus- und Weiterbildung stehen wir Jugendlichen und ihren Eltern sowie Unternehmen mit Rat und Tat zur Seite. Unser Ziel ist es, Menschen für das Handwerk zu begeistern. Wir geben Informationen über die vielfältigen und spannenden Berufe und Weiterbildungsmöglichkeiten im Handwerk und vermitteln den Fachkräften von morgen über unsere Lehrtellenbörse passgenau einen Ausbildungsplatz im Handwerk.

IHK Industrie- und Handelskammer Karlsruhe

# JETZT #KÖNNENLERNEN

**Industrie- und Handelskammer (IHK) Karlsruhe**
Lammstraße 13 – 17
76133 Karlsruhe

Tel.: 0721 174 0
www.karlsruhe.ihk.de/koennenlernen

Team Lehrstellenberatung
E-Mail: lehrstellenberatung@karlsruhe.ihk.de

Wir beraten wöchentlich. Jetzt Termin vereinbaren unter www.karlsruhe.ihk.de/lehrstellenberatung.

© DIHK

Wir beraten zu den Ausbildungs- und Karrieremöglichkeiten in Industrie, Handel und Dienstleistungsgewerbe. Dahinter verbergen sich mehr als 200 Ausbildungsberufe und vielversprechende Karrierechancen.

Die IHK Karlsruhe unterstützt dich bei Fragen zur Aus- und Weiterbildung.

Unser Beratungsangebot:

- Beratung zu den Ausbildungs- und Karrieremöglichkeiten in Industrie, Handel, IT, Hotellerie & Gastro, Technik, Gesellschaft, Naturwissenschaften und weiteren Berufsbereichen,
- Unterstützung bei der Berufsorientierung und Berufswahl,
- Unterstützung bei der Ausbildungsplatz- und Praktikumssuche,
- Bewerbungstipps und Bewerbungsmappencheck,
- Beratung zur dualen Ausbildung und deinen Karrierechancen,
- Studienabbrecher-Beratung.

Unser Beratungsangebot richtet sich insbesondere an Schülerinnen und Schüler, Jugendliche, junge Erwachsene sowie Studienzweiflerinnen und Studienzweifler.

**Hier geht es zur Onlinedarstellung:**

INFORMATIONSZENTRUM
ZAHN- UND MUNDGESUNDHEIT
BADEN-WÜRTTEMBERG

# Jeden Tag ein Lächeln schenken: ZFA – Ausbildungsberuf mit Zukunft

**Informationszentrum**
**Zahn- und Mundgesundheit**
**Baden-Württemberg (IZZ)**
Heßbrühlstraße 7
70565 Stuttgart

Tel.: 0711 222966-22
www.izzbw.de

Ansprechpartnerinnen:
Cornelia Schwarz und Constanze Fink
E-Mail: azubi@izzbw.de

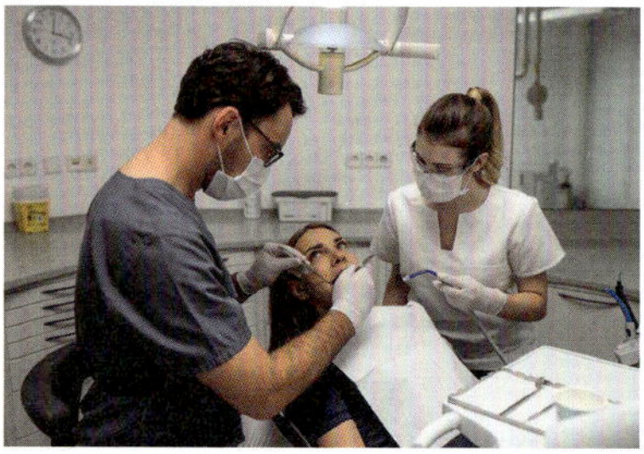

**Ausbildung (m/w/d):**

- Zahnmedizinische/r Fachangestellte/r (ZFA)*/**/***

Wir unterstützen dich gern bei der Suche nach einem Praktikums- oder Ausbildungsplatz in deiner Nähe!

Weitere Informationen findest du auf unserer Website:

www.izzbw.de/ausbildung

Zahnärzt*innen sind bedeutende Arbeitgeber*innen im Land – und sie bieten im Jahr landesweit rund 5.000 Ausbildungsplätze an.

Eine Ausbildung in der Zahnarztpraxis und in der Berufsfachschule erschließen ein interessantes Tätigkeitsfeld, denn man lernt dabei die verschiedenen Fachbereiche der Zahnmedizin kennen. Jede*r muss regelmäßig zum*zur Zahnarzt/Zahnärztin – und diese*r braucht Personal, das bei der Patientenbetreuung und -behandlung unterstützt. Diese Kombination sorgt dafür, dass Berufe in der Zahnarztpraxis zukunftssicher sind. Die Arbeit im Team macht den Beruf zusätzlich attraktiv.

Das Arbeitsumfeld ist breit gefächert, denn als ZFA kann man in Zahnarztpraxen, kieferorthopädischen und kieferchirurgischen Praxen arbeiten. Und wer sich noch nicht ganz sicher ist, ob der Ausbildungsberuf zum*zur Zahnmedizinischen Fachangestellten (ZFA) das Richtige ist, kann erst einmal ein Schnupperpraktikum in einer Zahnarztpraxis absolvieren.

**Hier geht es zur Onlinedarstellung:**

RECHTSANWALTSKAMMER KARLSRUHE

# Hilf anderen zu ihrem Recht

**Rechtsanwaltskammer Karlsruhe**
Reinhold-Frank-Straße 72
76133 Karlsruhe

Tel.: 0721 66986400
www.rak-karlsruhe.de

Ansprechpartnerinnen:
Frau Mantik und Frau Bleiholder
E-Mail: ausbildung@rak-karlsruhe.de

**Ausbildung (m/w/d):**
- Rechtsanwaltsfachangestellte/r*/**/***

**Hier geht es zur Onlinedarstellung:**

Du willst keine eintönige Büroarbeit? In einer Rechtsanwaltskanzlei darst Du jeden Tag überrascht sein, was Dich erwartet. Kein Tag ist wie der andere. Der Job dreht sich um Menschen, die Beratung und Unterstützung im rechtlichen Bereich suchen. Ein zuverlässiges Team ist in einer Rechtsanwaltskanzlei unverzichtbar.

Als Rechtsanwaltsfachangestellte/r betreust Du die Mandanten von der ersten Begegnung bis zum Abschluss des Mandates. Du sorgst mit für einen reibungslosen Ablauf in der Mandantenbearbeitung und bist eine unverzichtbare Unterstützung der Rechtsanwältinnen.

Das bieten wir Dir:
- abwechslungsreiche und verantwortungsvolle Tätigkeit,
- Umgang mit Menschen,
- arbeiten im Team,
- sehr gute Ausbildungsvergütung,
- vielversprechende Zukunftschancen.

Die Ausbildung findet als duale Ausbildung statt, d. h. Du bist in der Schule und in der Kanzlei tätig. Die Ausbildung dauert drei Jahre, kann auf zwei verkürzt werden.

# Die Haus-und Immobilienverwaltung ist vielfältig

Der Verband der Immobilienverwalter (VDIV BW) mit Sitz in Bietigheim-Bissingen wurde 1984 gegründet und befasst sich mit allen berufsständischen Belangen der Immobilienverwaltung.

Viele unserer Mitglieder, welche in ganz Baden-Württemberg vertreten sind, haben freie Ausbildungsplätze zur Verfügung, welche wir gerne mit ihnen anbieten möchten.

In der Immobilienverwaltung kann es von Vorteil sein, den klassischen Ausbildungsweg zu wählen und eine Lehre in einem Ausbildungsbetrieb zu absolvieren. Empfehlenswert ist die anerkannte Ausbildung zur/m Immobilienkauffrau/-mann. Da die meisten Immobilienverwaltungen jedoch kleine Unternehmen sind und wenige Angestellten haben, sind Ausbildungsplätze rar gesät.

Zusätzlich zur Ausbildung zur/m Immobilienkauffrau/-mann besteht in einigen Regionen Deutschlands (insbesondere in Baden-Württemberg) die Möglichkeit der Zusatzqualifikation zum/r Immobilienassistent/in. Mit einer Hochschulreife führt diese doppelt qualifizierende Erstausbildung zum Abschluss als Immobilienkaufmann/-frau und parallel zum Abschluss als Immobilienassistent/in. Die zweijährige Ausbildung wird an einem Berufskolleg und im Ausbildungsbetrieb durchgeführt.

vdiv Baden-Württemberg

**Verband der Immobilienverwalter Baden-Württemberg e. V.**
Berliner Straße 19
74321 Bietigheim-Bissingen

Tel.: 07142 46993-43
www.vdiv-bw.de

Ansprechpartnerin:
Kristina Marquardt
E-Mail: marquardt@vdiv-bw.de

© Verband der Immobilienverwalter Baden-Württemberg e. V.

700 Mitgliedsunternehmen

**Ausbildung (m/w/d):**

- Immobilienkauffrau/-mann**/***
  Zusatzqualifikation zum/r Immobilienassistent/in**/***

**Duales Studium:**

- BWL - Immobilienwirtschaft (B. A.)***
- Bachelor of Arts Real Estate (Fernstudium)***
- Master of Arts Real Estate Management***

| | |
|---|---|
| Praktika: | ja |
| Jobs für Studierende: | ja |
| Bachelor-/Masterarbeiten: | ja |

# Teil II:

# Ausbildungsbetriebe

Auf den folgenden Seiten sind die Ausbildungsberufe und (dualen) Studiengänge mit ihren vorausgesetzten Schulabschlüssen wie folgt gekennzeichnet:

* = Erster Schulabschluss / Hauptschulabschluss
** = Mittlerer Schulabschluss /Realschulabschluss / Werkrealschulabschluss
*** = Abitur / Allgemeine Hochschulreife / Fachhochschulreife

vocatium

# Folge uns auf Instagram und TikTok!

Dort findest du **Tipps für deinen Messebesuch**, die **Bewerbung** und weitere Inspirationen für **deine Berufswahl.**

Instagram: **vocatium.messen**

TikTok: **vocatium**


IfT Institut für Talententwicklung

# Zertifikat für gute Messegespräche

Schüler und Schülerinnen, die sich besonders gut auf ihre Gespräche mit Unternehmen und Institutionen vorbereiten und bei den Gesprächen einen guten Eindruck hinterlassen, haben die Chance auf eine Auszeichnung, das sogenannte vocatium-Zertifikat. Dieses Zertifikat kann späteren Bewerbungen beigefügt werden. Dadurch kannst du zeigen, dass du den Messebesuch mit besonderem Engagement genutzt hast.

Das Zertifikat erhältst du, wenn du folgende Kriterien erfüllst:

- **sehr gut vorbereitete Fragen**
- **gelungene Antworten**
- **höfliche und angenehme Umgangsformen**

*PS: Neben deinen Schulnoten zählt für Ausbildungsbetriebe dein Engagement. Jeder potenzielle Ausbildungsbetrieb ist im Rahmen deiner späteren Bewerbungen auch für andere Bescheinigungen dankbar, z. B. für ehrenamtliche Mitarbeit in Vereinen. Wichtig ist zudem, dass auf deinem Bewerbungszeugnis keine Hinweise auf unentschuldigtes Fehlen enthalten sind.*

Zertifikat

für ein qualifiziertes Messegespräch auf der vocatium - Fachmesse für Ausbildung+Studium

Vorname, Name

bestätigen wir, dass er/sie auf die vocatium - Fachmesse für Ausbildung+Studium sehr gut vorbereitet war und ein besonders qualifiziertes Messegespräch mit uns geführt hat. Kriterien für diese Auszeichnung: vorbereitete Fragen, gelungene Antworten sowie höfliche und angenehme Umgangsformen.

Firma/Institution (Aussteller der vocatium)

Datum

Unterschrift

vocatium

IfT Institut für Talententwicklung GmbH
gez. Dr. Roderich Stintzing

Allianz

# Auf die Plätze, fertig, Zukunft!

Abwechslungsreiche Aufgaben, spannende Herausforderungen, erstklassige Zukunftsaussichten: Bei der Allianz zeigst du von Anfang an, was in dir steckt – und wächst dabei immer wieder über dich hinaus.

Genau dein Ding? Perfekt – dann starte in deine Ausbildung **Kaufleute für Versicherungen und Finanzanlagen (m/w/d)** oder dein duales Studium **BWL Versicherung (m/w/d) in Karlsruhe**

**Von Anfang an viel bewegen**

Bei uns bist du hautnah dabei, wenn wir gemeinsam Großes leisten und täglich neue Wege gehen, um unsere Branche voranzubringen: Denn wir zählen ab dem ersten Tag auf deinen Einsatz.

Nutze deine individuellen Stärken, bring deine Talente ein – und werde Teil unserer einzigartigen Unternehmenskultur: Wir feiern Vielfalt, fördern Chancengleichheit und sind stolz auf unser inklusives Arbeitsumfeld, in dem du jederzeit du selbst sein darfst.

Und was ist sonst noch für dich drin? Einiges! Freu dich auf Weihnachts- und Urlaubsgeld, vielfältige Sport- und Gesundheitsangebote, Jobtickets für den öffentlichen Verkehr und viele weitere Vorteile.

## Du hast Fragen?

Marcus Mäusner erreichst du unter 0721-5045 25216 oder marcus.maeusner@allianz.de

Join us. Let's care for tomorrow.
**CAREERS.ALLIANZ.COM**

# Baden-Württemberg

OBERLANDESGERICHT KARLSRUHE

**Amtsgericht Karlsruhe**
Schloßplatz 23
76131 Karlsruhe

Tel.: 0721 926-5041
https://amtsgericht-karlsruhe.justiz-bw.de
www.mit-recht-in-die-zukunft.de

Ansprechpartnerinnen:
Frau Westermann (Ausbildung)
E-Mail: Nadine.Westermann@agkarlsruhe.justiz.bwl.de

Frau Dietherich (Duales Studium)
E-Mail: Dietherich@agkarlsruhe.justiz.bwl.de

**Ausbildung (m/w/d):**
- Justizfachangestellte/r**/***

**Studiengänge:**
- Diplom-Rechtspfleger/in (FH)***
- Gerichtsvollzieher/in (LL. B.)***

Praktika: ja

**Hier geht es zur Onlinedarstellung:**

# Mit Recht in die Zukunft!

Das Amtsgericht ist erstinstanzliches Gericht in Zivil-, Familien, Nachlass-, Betreuungs- und Strafsachen. Weiterhin ist es Insolvenzgericht sowie Vollstreckungsgericht. Bewerbungen für die Ausbildungsberufe sind zentral beim Oberlandesgericht Karlsruhe einzureichen.

**Diplom-Rechtspfleger (FH) (m/w/d)**
Theorie und Praxis im Wechsel, Bezahlung von Anfang an und ein sicherer und abwechslungsreicher Arbeitsplatz in der Justiz mit viel Eigenverantwortung und der Sicherheit des Beamtenstatus.

**Gerichtsvollzieher (LL.B.) (w/m/d)**
Der Bachelor-Studiengang bietet eine Mischung aus Theorie und Praxis, Bezahlung von Anfang an und als Perspektive einen interessanten Beruf, der Selbständigkeit und Eigenverantwortlichkeit mit der Sicherheit des Beamtenstatus verbindet.

**Justizfachangestellte (m/w/d)**
Justizfachangestellte unterstützen Richter, Staatsanwälte und Rechtspfleger im Team, indem sie Akten verwalten, Fristen überwachen und wichtige Dokumente erstellen.

Alle Berufe sorgen dafür, dass der Betrieb bei Gerichten und Staatsanwaltschaften reibungslos funktioniert.

AOK
Die Gesundheitskasse.

# Von Mensch zu Mensch


**AOK – Die Gesundheitskasse**
**Mittlerer Oberrhein**

Tel.: 0711 6525-20741
www.aok.de/karrierestart

Ansprechpartnerin: Susanne Mönnich
E-Mail: susanne.moennich@bw.aok.de

Beschäftigte: 850
Ausbildungsplätze: 20

**Ausbildung:**
- Kaufleute für Dialogmarketing (m/w/d)**/***
- Sozialversicherungsfachangestellter (m/w/d)**/***

**Duales Studium:**
- AOK-Betriebswirt inklusive Kombinationsstudium Business Administration, Vertiefung Health Care Management (B. A.)(m/w/d)***
- Soziale Arbeit im Gesundheitswesen (B. A.)(m/w/d)***

Praktika: ja
Jobs für Studierende: nein
Bachelor-/Masterarbeiten: nein

Die Ausbildung bei der AOK ist der erste und wichtigste Grundstein, den du für deine Karriere legst.

Während der Ausbildung eignest du dir fachliches Wissen an und entwickelst umfangreiche Fähigkeiten. Dabei wirst du von deiner Ausbildungsleiterin sowie deinen Kolleginnen und Kollegen in der Praxis und in den Bildungszentren unterstützt: Mit realen Herausforderungen fördern sie dein selbstständiges Handeln.

Wir sind Ansprechpartner für unsere Versicherten, Firmenkunden, Ärzte und Gesundheitspartner und bieten persönliche und individuelle Beratungen in der Gesundheitsförderung – auch in Betrieben. Wir betreuen rund 350.000 Versicherte an 14 Standorten in der Region Mittlerer Oberrhein.

Der Mensch steht bei uns im Mittelpunkt und wir leben unser Motto GESUNDNAH.

Wäre das nicht auch etwas für dich? Dann freuen wir uns auf deine Bewerbung.

# Deine Zukunft im Glas!

**Ardagh Glass GmbH**
Schauensteiner Straße 1
76726 Germersheim

Tel.: 07274 506312
careers.ardaghgroup.com

Ansprechpartnerin: Christin Frank
E-Mail: christin.frank@ardaghgroup.com

Beschäftigte: 2.200
Auszubildende: 150
Dual Studierende: 10

**Ausbildung (m/w/d):**

- Elektroniker/in – Betriebstechnik**/***
- Industriemechaniker/in – Instandhaltung**/***
- Mechatroniker/in**/***
- Verfahrensmechaniker/in – Glastechnik**/***

Praktika: ja
Jobs für Studierende: ja
Bachelor-/Masterarbeiten: ja

Die Ardagh Group ist weltweit führend in Metall- und Glasverpackungen und blickt auf die 1932 gegründete Irish Glass Bottle Company zurück. Heute sind wir ein Team von über 20.000 Menschen in Europa, Afrika und Amerika und erzielen fast 10 Milliarden US-Dollar Umsatz. Nachhaltigkeit und Innovation liegen uns besonders am Herzen: Wir setzen alles daran, neue Produktionsmethoden und Designtechniken zu entwickeln und Wege zu finden, um zu recyceln und zu sparen. Unser Ziel ist es, die Umweltbelastung zu reduzieren und dabei wirtschaftlich nachhaltig und sozial verantwortlich zu bleiben. Bei Ardagh erwartet Dich eine praxisnahe und zukunftsorientierte Ausbildung. Du lernst in modernen Produktionsstätten mit hauptberuflichen Ausbildern, sammelst wertvolle Erfahrungen und arbeitest an spannenden Projekten. Hard facts: Jeder startet in der Ausbildung mit 1.200 Euro bis zu 1.450 Euro und vielen weiteren Boni. Wenn Du Deine Zukunft aktiv gestalten willst, bist Du bei uns genau richtig!

Hier geht es zur Onlinedarstellung

# ATRUVIA

# Wir verbinden. Füreinander.

**Atruvia AG**
Fiduciastraße 20
76227 Karlsruhe

www.atruvia.de/ausbildung

Ansprechpartnerinnen:
Christine Hawkins
Lea Blaettner
Wilma Sack

Beschäftigte: 5.260
Auszubildende: 150

**Ausbildung (m/w/d):**
- Fachinformatiker/in
  - Anwendungsentwicklung*/**/***
  - Systemintegration*/**/***
- Maschinen- und Anlagenführer/in
  - Druckweiter- u. Papierverarbeitung*/**/***

**Duales Studium:**
- Cyber Secrurity***
- Data Sciences und Künstliche Intelligenz***
- Informatik***
- Informationstechnik***
- Wirtschaftsinformatik
  - IT-Business Analyst***
  - Sales & Consulting***
  - Software Engineering***

Praktika: ja
Jobs für Studierende: ja
Bachelor-/Masterarbeiten: ja

Bei Atruvia entwickeln wir als Digitalisierungspartner der Volksbanken Raiffeisenbanken zukunftsweisende IT-Lösungen und -Leistungen rund ums Banking. Die Ausbildung und Förderung junger Mitarbeiter*innen hat bei uns schon immer einen hohen Stellenwert. Unsere vielfältigen Aufgabengebiete und engagierten Ausbilder*innen bieten dir einen perfekten Start in dein Berufsleben. Verbinde dich mit uns.

**Hier geht es zur Onlinedarstellung:**

Ausbildungsbetriebe

# Meine Zukunft hat eine Basis

**Basalt AG |**
**Südwest Asphalt GmbH & Co. KG**
Linzhausenstraße 20
53545 Linz am Rhein

www.jobs.basalt.de

Ansprechpartnerin:
Hannah Güntgen
Tel.: 02644 563-589

© Basalt AG | Südwest Asphalt GmbH & Co. KG

Beschäftigte: 4.200
Auszubildende: 120
Dual Studierende: 5

**Ausbildung (m/w/d):**

- Verfahrensmechaniker/in
  - Asphalttechnik**/***
  (Standort Karlsruhe)
- Maschinen- und Anlagenführer/in
  - Metall- und Kunststofftechnik**/***
  (Standort Karlsruhe)

Praktika: ja
Jobs für Studierende: ja
Bachelor-/Masterarbeiten: ja

Du willst deine Karriere verlässlich auf Stein bauen? Dann bist du mit der Basalt AG auf dem richtigen Weg. Als Teil der Werhahn-Gruppe gehören wir mit 350 Betriebsstätten, rund 4.000 Mitarbeitenden und gut 1,5 Milliarden Euro Umsatz im Jahr zu den führenden Unternehmen der Naturstein- und Asphaltindustrie in Europa. Auch im Recycling sowie in der Verwertung und Entsorgung von Altmaterial sind wir als Traditionsunternehmen mit Sinn für Nachhaltigkeit tätig.

Als traditionsreiches und gleichzeitig zukunftsorientiertes Familienunternehmen bietet dir die Basalt AG eine ganze Reihe von Vorteilen – allen voran die Möglichkeit einer Übernahme nach erfolgreich abgeschlossener Ausbildung und bei guten Leistungen. Damit dir das gelingt, unterstützen wir dich nicht nur bei den Prüfungsvorbereitungen, sondern während der ganzen Ausbildungszeit. Freu dich auf Weiterbildungsmöglichkeiten und auf tolle Events wie unsere Azubitage oder Meetings speziell für Azubis. Durch die duale Ausbildung bist du von Anfang an im Betrieb dabei und absolvierst die Berufsschule als Blockunterricht oder in Teilzeit. Wir sind stolz auf unsere Nachwuchskräfte bei der Basalt AG – deshalb bieten wir dir unternehmensweite und standortübergreifende Einsatzmöglichkeiten.

BILFINGER

# Mehr als ein Ausbildungsplatz – komm ins #TEAMBILFINGER

**Bilfinger**
Gottlieb-Duttenhöfer-Straße 27 G
67454 Haßloch

www.bilfinger.com/de/de/karriere/ausbildung

Ansprechpartner: Stephan Schröter
Tel.: 0173 2865974
E-Mail: stephan.schroeter@bilfinger.com

**Deutschlandweite Ausbildungsberufe:**

- Anlagenmechaniker (m/w/d)*/**
- Elektroniker (m/w/d)*/**
- Fachinformatiker (m/w/d)**/***
- Fachkraft Lagerlogistik (m/w/d)*/**
- Feinwerkmechaniker (m/w/d)*/**
- Gerüstbauer (m/w/d)*/**
- Industrie-Isolierer (m/w/d)*/**
- Industriekaufleute (m/w/d)**/***
- Industriemechaniker (m/w/d)*/**
- Kaufleute Büromanagement (m/w/d)**/***
- Kaufleute Spedition & Logistik (m/w/d)**/***
- Kfz-Mechatroniker (m/w/d)*/**
- Konstruktionsmechaniker (m/w/d)*/**
- Mechatroniker (m/w/d)*/**
- Metallbauer (m/w/d)*/**
- Personaldienstleistungskaufleute (m/w/d)**/***
- Technischer Produktdesigner (m/w/d)**/***
- Verfahrensmechaniker (m/w/d)*/**
- Zerspanungsmechaniker (m/w/d)*/**

**Deutschlandweite duale Studiengänge:**

- Accounting & Controlling (B. A.)***
- Elektrotechnik (B. Eng.)***
- International Business (B. A.)***
- Kooperative Ingenieursausbildung (B. Eng.)***
- Nachhaltige Ingenieurwissenschaft für Anlagen (B. Eng.)***
- Verfahrenstechnik (B. Eng.)***
- Wirtschaftsinformatik (B. A.)***

Welche Berufe und dualen Studiengänge in deiner Region ausgebildet werden, erfährst du bei uns am Messestand auf der vocatium.

Als international führender Industriedienstleister sorgen wir mit unseren mehr als 30.000 Kolleginnen und Kollegen dafür, dass Großanlagen in der Prozessindustrie reibungslos funktionieren: rund um die Uhr und so wirtschaftlich und nachhaltig wie möglich. Wir unterstützen unsere Kunden mit Beratung, Engineering, Fertigung, Montage und Instandhaltung. Unser Ziel ist es, die Nummer 1 für Effizienz und Nachhaltigkeit zu werden.

Werde auch du Teil unseres Teams und gestalte deinen Berufseinstieg mit uns.

**Hier geht es zur Onlinedarstellung:**

**BUNDES**POLIZEI

# MIT SICHERHEIT VIELFÄLTIG

**Bundespolizeiakademie**
Einstellungsberatung Karlsruhe
Rintheimer Querallee 11
76131 Karlsruhe

www.komm-zur-bundespolizei.de

Tel.: 0721 12016-460 / -461 / -462
E-Mail: eb.karlsruhe@polizei.bund.de

**Ausbildung:**
- Mittlerer Polizeivollzugsdienst**/*** (2 ½ Jahre)

**Duales Studium:**
- Gehobener Polizeivollzugsdienst*** (3 Jahre)

Praktika: ja, Anfragen bitte per E-Mail

Die Bundespolizei sorgt mit ihren rund 55.000 Mitarbeiterinnen und Mitarbeitern dafür, dass die Menschen in Deutschland und Europa sicher leben können. Zur Bewältigung ihrer Aufgaben braucht die Bundespolizei engagierten Nachwuchs: Teamplayer, die ein kollegiales Arbeitsklima zu schätzen wissen. Diesen bietet sie durch eine Vielfalt an Karrieremöglichkeiten abwechslungsreiche und sichere Arbeitsplätze.

Alle Bundespolizistinnen und Bundespolizisten sind zudem durch die Verbeamtung nach der Ausbildung abgesichert und erhalten eine sehr gute Besoldung sowie eine umfassende Krankenversorgung. Auch die Vereinbarkeit von Familie und Beruf ist für die Bundespolizei eine Herzensangelegenheit, für die sie entschlossen eintritt. Sie bietet flexible und individuelle Arbeitszeitmodelle und sorgt somit dafür, dass neben dem Dienst noch genügend Zeit für Familie und Freizeit bleibt.

Komm zur Bundespolizei!

**Hier geht es zur Website:**

Gehalt: ca. 1.402 bzw. 1.627 Euro netto bei Ausbildungs- bzw. Studienbeginn

BUNDESWEHR

# Folge deiner Berufung
## Karriere bei der Bundeswehr.

**Karriereberatung der Bundeswehr**
Tel.: 0800 9800880 (bundesweit kostenfrei)
bundeswehrkarriere.de
karrierekaserne.de

**Mehr als 90 Ausbildungsberufe und Aufstiegsfortbildungen (m/w/d), darunter:**
- Elektroniker/in für Betriebstechnik*/**/***
- Elektroniker/in für Geräte u. Systeme*/**/***
- Fachinformatiker/in*/**/***
- Fluggerätelektroniker/in*/**/***
- Fluggerätmechaniker/in*/**/***
- Industriemechaniker/in*/**/***
- IT-System-Elektroniker/in*/**/***
- Kaufmann/-frau für Büromanagement*/**/***
- Kfz-Mechatroniker/in*/**/***
- Medizinische/r Fachangestellte/r*/**/***
- Pflegefachmann/-frau**/***
- Verwaltungsfachangestellte/r*/**/***
- Zahnmedizinische/r Fachangestellte/r*/**/***

**Über 1.000 militärische und zivile Berufe (m/w/d), darunter:**
- Avioniker/in für Luftfahrzeuge
- Elektroniker/in für gepanzerte Fahrzeuge
- IT-Techniker/in für Informationsübertragung
- Materialdisponent/in
- Notfallsanitäter/in
- Personalsachbearbeiter/in
- Pionier/in
- Schiffsbetriebstechniker/in
- Techniker/in

**Starte jetzt in einem von mehr als 90 anerkannten Ausbildungsberufen.** Ob Soldatin und Soldat, Beamtin und Beamter oder Tarifbeschäftigte: Rund 265.000 Personen setzen sich jeden Tag für die Sicherheit, Souveränität und die außenpolitische Handlungsfähigkeit Deutschlands ein. Um die vielfältigen wie anspruchsvollen Aufgaben zu bewältigen, erhalten alle unsere Beschäftigten umfassende Aus- und Weiterbildungen sowie die Chance, ihre Potenziale zu entfalten und sich fachlich wie persönlich weiterzuentwickeln.

### AUSBILDUNG

Mehr als 90 anerkannte Ausbildungsberufe und Aufstiegsfortbildungen stehen dir in Verbindung mit einer militärischen Karriere zur Auswahl. Zudem werden in über 50 Ausbildungsberufen pro Jahr mehr als 1.350 zivile Ausbildungsplätze angeboten, die einen gelungenen Einstieg ins Berufsleben ermöglichen.

### ZIVILE AUSZUBILDENDE

Mit einer zivilen Berufsausbildung bei der Bundeswehr legst du den Grundstein für eine Karriere in deinem Traumberuf. Mit deinem Berufsabschluss stehen dir vielfältige Übernahmemöglichkeiten im militärischen und zivilen Bereich zur Verfügung.

| JÄHRLICH | ÜBER | ÜBER |
|---|---|---|
| **1.350** | **400** | **1.210** |
| ZIVILE AUSBILDUNGSPLÄTZE | STANDORTE | EURO BRUTTO IM 1. AUSBILDUNGSJAHR |

### SOLDATINNEN UND SOLDATEN

Als Soldatin bzw. Soldat in der Laufbahn der Unteroffizierinnen/-offiziere oder Feldwebel kannst du eine zivilberufliche Ausbildung oder Fortbildung absolvieren. Der staatlich anerkannte Abschluss eröffnet dir vielfältige Möglichkeiten für deine weitere militärische und zivile Karriere.

| ÜBER | | |
|---|---|---|
| **90** | **Duales System** | **Praktika** |
| AUSBILDUNGSBERUFE & AUFSTIEGSFORTBILDUNGEN | AUS BERUFSSCHULE UND PRAKTIKA | IN ZIVILEN BETRIEBEN |

BURGHARDT+SCHMIDT
MASCHINEN- UND ANLAGENBAU
GERMANY

# Starte in deine Zukunft bei b+s

**Burghardt+Schmidt GmbH**
Raiffeisenstraße 24 - 26
75196 Remchingen

Tel.: 07232 3661-0
www.b-s-germany.de

Ansprechpartner/in:
Andreas Scherle
E-Mail: a.scherle@b-s-germany.de
Kim Rogge
E-Mail: k.rogge@b-s-germany.de

© Burghardt+Schmidt GmbH

Beschäftigte: ca. 80
Auszubildende: 2

**Ausbildung (m/w/d):**
- Fachkraft Lagerlogistik*/**/***
- Industriemechaniker/in*/**/***

**Hier geht es zur Onlinedarstellung:**

Ausbildung – der richtige Weg für deine Zukunft. Entscheide Dich für das richtige Unternehmen.

Eine Ausbildung ist der optimale Einstieg in die Berufswelt. Mit einer guten Portion Motivation und Leidenschaft sind die Möglichkeiten und die Vielzahl an Perspektiven bei uns unbegrenzt. Der Mittelpunkt ist das Lernen und Arbeiten im Ausbildungsbereich sowie im Fachbereich. Wir arbeiten in Kooperation mit der Berufsschule, sodass die Vermittlung des fachtheoretischen Wissens Hand in Hand mit dem praxisorientierten Wissen übereinstimmt. Dabei verfolgen wir stets die Inhalte der IHK und bieten eine fundierte Grundlage für Ihre berufliche Ausbildung.

Deine Ausbildung bei b+s verfolgt das Ziel, viele Fähigkeiten, wie Teamfähigkeit, Eigeninitiative und Selbstständigkeit zu fördern und deinen beruflichen Werdegang zu prägen. Dein ganzer Ausbildungsweg wird von unseren Ausbildungsmeistern begleitet und wir stellen sicher, dass du deine beruflichen und persönlichen Entwicklungsziele erreichst.

Unser größtes Ziel ist es, dass wir unseren Nachwuchs gezielt in unterschiedliche Fachbereiche heranziehen. Unser wichtigstes Gut sind unsere bestens ausgebildeten und motivierten Fachkräfte, die wir selbst aufgebaut haben.

# Supporting science. Improving lives.



**Carl Roth GmbH & Co. KG**
Schoemperlenstraße 3 - 5
76185 Karlsruhe

Tel.: 0721 5606-1453
https://karriere.carlroth.de/

Ansprechpartnerin: Dania Sautner
E-Mail: d.sautner@carlroth.de

© Alle Bilder: Carl Roth GmbH & Co. KG

Beschäftigte: 320
Auszubildende: 4
Dual Studierende: 4

**Ausbildung (m/w/d):**
- Chemielaborant/in**/***
- Fachkraft für Lagerlogistik*/**/***
- Kaufmann/-frau
  - Digitalisierungsmanagement**/***
  - Groß- & Außenhandelsmanagement**/***

**Duales Studium an der DHBW:**
- BWL
  - Handel***
  - Industry Supply Chain Management***
- Wirtschaftsinformatik (B. Sc.)***

Praktika: ja
Jobs für Studierende: ja
Bachelor-/Masterarbeiten: ja

Starte Deine Zukunft bei Carl Roth – Deine Ausbildung, Dein Erfolg! Du willst mehr als nur eine Ausbildung?

Dann werde Teil der Carl Roth-Familie und wachse mit uns! Von Anfang an wirst Du gefördert und unterstützt:

- Individuelle Betreuung: Unsere Ausbildungsbeauftragten begleiten Dich auf Deinem Weg und helfen Dir, Dein Potenzial voll auszuschöpfen.
- Azubi-Patenschaft: Ein persönlicher Pate unterstützt Dich beim Einstieg und steht Dir jederzeit zur Seite.
- Spannende Projekte: In Projektwochen kannst Du eigene Ideen umsetzen und aktiv mitgestalten.
- Starker Teamgeist: Teambuilding-Events stärken den Zusammenhalt und machen Spaß.
- Attraktive Rahmenbedingungen: Faire Vergütung, flexible Arbeitszeiten und Dein eigener Laptop sorgen für optimale Voraussetzungen. Und: Deine Chancen auf eine Übernahme stehen bestens! Bereit für den perfekten Start?

Komm zu Carl Roth – wir freuen uns auf Dich!

CONTARGO®
trimodal network

# TAKE THE BETTER ROUTE!

**Contargo Wörth-Karlsruhe GmbH**
Hafenstraße Neuer Hafen
76744 Wörth am Rhein

Tel.: 07271 9227-21
www.contargo.net

Ansprechpartnerin: Tatjana Seiter
E-Mail: tseiter@contargo.net

Ansprechpartner/in zur Ausbildung:
Frau Samantha Höfer
E-Mail: shoefer@contargo.net
Herr Michele Glatzel
E-Mail: mglatzel@contargo.net

Beschäftigte: 130

**Ausbildung (m/w/d):**
- Kaufmann/-frau für Spedition und Logistikdienstleistung*/**/***

**Duales Studium:**
- Logistik (B. A.)***

Praktika: ja

Contargo ist eines der marktführenden Container-Hinterlandlogistik-Netzwerke in Europa. Wir bieten ausgezeichnete Job-Perspektiven mit einem angenehmen Betriebsklima. Contargo Wörth-Karlsruhe verbindet den Wirtschaftsraum Südpfalz, Baden und dass Elsass (Pamina) mit den westlichen Seehäfen. Unsere trimodalen Terminals bieten einen lückenlosen Service für Container. Wir organisieren den Umschlag, Transport per Lkw, Binnenschiff oder Bahn. Unsere Mitarbeiter sind maßgeblich für den Erfolg unseres Unternehmens verantwortlich. Wir pflegen eine Open Door Policy, so schaffen wir Freiräume, die es ermöglichen sich kreativ einzubringen und eigenverantwortlich zu handeln. Die Ausbildung von jungen Menschen hat bei Contargo einen hohen Stellenwert. Durch eine hohe Ausbildungs- und Übernahmequote möchten wir sicherstellen, dass wir in unserem stetig wachsenden Unternehmen auf gut ausgebildete Fachkräfte aus den eigenen Reihen zurückgreifen können und das erworbene Wissen in die Praxis umzusetzen.

Hier geht es zur Onlinedarstellung

# Starte mit DACHSER in deine Zukunft!

DACHSER
Intelligent Logistics

**DACHSER**
**Logistikzentrum Karlsruhe GmbH & Co. KG**
Thomas-Dachser-Straße 1 · 76316 Malsch

Tel.: 07246 7053-0
www.dachser.de/karriere

Ansprechpartnerinnen:
Katrin Güttler-Schemel und Viola Riegger
E-Mail: katrin.guettler-schemel@dachser.com
viola.riegger@dachser.com

Beschäftigte: 750
Auszubildende: 70

**Ausbildung (m/w/d):**
- Berufskraftfahrer/in*/**/***
- Fachkraft für Lagerlogistik*/**/***
- Fachlagerist/in*/**/***
  + Berufskraftfahrer/in (Ausbildung 2+2)*/**/***
- Kaufmann/-frau
  - Büromanagement**/***
  - Spedition und Logistikdienstleistung**/***

**Duales Studium:**
- Betriebswirtschaft (B. A.) Fachrichtung Spedition/Transport/Logistik***

Praktika: ja
Jobs für Studierende: ja
Bachelor-/Masterarbeiten: ja

Egal, ob du noch suchst oder schon ziemlich genau weißt, wo dein Berufsweg dich hinführen soll – DACHSER ist eine richtige Adresse für dich. Denn wir helfen dir, den passenden Einstieg in deine Berufswelt zu finden.

Wir sind überzeugt: Die Zukunft gehört denen, die sie organisieren, und das tun wir. Mit einer Ausbildung bei DACHSER leistest du einen wertvollen Beitrag für die Versorgung der Welt, ob im Lager, in der Umschlaghalle, im LKW oder im Büro.

Bei uns gestaltest du deine Ausbildung aktiv mit und lernst alle Bereiche eines modernen Logistikdienstleisters kennen. Für deine berufliche Zukunft kannst du dein Wissen entsprechend deinen Talenten und Fähigkeiten vertiefen.

Starte mit uns in deinen Beruf!

**Hier geht es zur Onlinedarstellung:**

# Hier kannst du was bewegen!

**DEICHMANN SE**
Deichmannweg 9 · 45359 Essen
deichmann-karriere.de

**DEICHMANN SE**
**Region Mitte-Süd**
Raiffeisenstraße 1 · 74177 Bad Friedrichshall

Ansprechpartnerin: Svenja Schön
E-Mail: svenja_schoen@deichmann.com

Beschäftigte: ca. 17.000 (Gruppe Deutschland)

**Ausbildung (m/w/d):**
- Handelsfachwirt***
- Kaufmann im Einzelhandel**/***
- Verkäufer*/**/***

**Duales Studium:**
- BWL – Handelsmanagement (B. A.)***

Praktika: ja
Jobs für Studierende: ja
Bachelor-/Masterarbeiten: nein

Bewerbungen und weitere Infos unter:
**www.deichmann-karriere.de**

Als Azubi in einem unserer ca. 1.400 Stores deutschlandweit profitierst du von unseren optimal strukturierten Ausbildungsmaßnahmen und wirst perfekt auf deinen Job vorbereitet.

Dein Berufseinstieg könnte nicht besser laufen: Hier lernst du in einem freundlichen und kollegialen Arbeitsumfeld in einem Store in deiner Nähe. Bei Fragen haben deine Betreuer immer ein offenes Ohr. In der Anfangszeit steht dir dein persönlicher Pate in deinem Store für alle Fragen zur Seite. In unseren Stores bieten wir folgende Ausbildungen an:

**Ausbildung zum Verkäufer und Kaufmann im Einzelhandel (m/w/d):**
Heute Azubi und danach noch weiter? Egal ob du deine Zukunft als Verkäufer siehst oder bei uns Karriere machen möchtest: Wir bereiten dich perfekt darauf vor.

**Ausbildung zum Handelsfachwirt (m/w/d):**
Mit unserer Aus- und Fortbildung für Abiturienten erlangst du drei Abschlüsse in drei Jahren und kannst dein betriebswirtschaftliches Fachwissen direkt bei deiner Arbeit im Store umsetzen. So bist du optimal auf die Leitung einer oder gleich mehrerer Stores vorbereitet.

**Duales Studium BWL – Handelsmanagement (B. A., m/w/d):**
Die perfekte Mischung: Verbinde Theorie und Praxis mit einem 3,5-jährigen dualen Studium bei Deichmann und der IU (Internationale Hochschule) und bereite dich so ideal auf deine Führungsposition im Verkauf vor. Klingt spannend? Dann bewirb dich online oder direkt an unserem Messestand.

# Start mit Übernahmegarantie?

## Komm als Azubi (w/m/d) oder dual Studierende:r zur Deutschen Bahn!

**Deutsche Bahn AG**

Du interessierst dich für eine Ausbildung oder ein duales Studium bei der Deutschen Bahn? Dann bewirb dich jetzt online!

db.jobs/schueler

**Unser Ausbildungsangebot (w/m/d) in der Region:**

- Anlagenmechaniker:in für Sanitär-, Heizungs- und Klimatechnik*/**/***
- Baugeräteführer:in*/**/***
- Elektroniker:in für Betriebstechnik*/**/***
- Fachkraft im Fahrbetrieb (w/m/d)*/**/***
- Gleisbauer:in*/**/***
- Industrieelektriker:in*/**/***
- Industriemechaniker:in*/**/***
- IT-Systemelektroniker:in*/**/***
- Kaufmann für Verkehrsservice (w/m/d)*/**/***
- Koch (w/m/d)*/**/***
- Lokführer:in*/**/***
- Mechatroniker:in*/**/***
- Mechatroniker:in für Kältetechnik*/**/***
- Technische:r Systemplaner:in – elektrotechnische Systeme*/**/***
- Vermessungstechniker:in*/**/***
- Zugverkehrssteuerer (w/m/d)*/**/***

**Duales Studium (w/m/d):**

- Bauingenieurwesen (B. Eng.)***
- Elektrotechnik (B. Eng.)***
- Wirtschaftsingenieurwesen (B. Eng.)***

| | |
|---|---|
| Praktika: | ja |
| Jobs für Studierende: | ja |
| Bachelor-/Masterarbeiten: | ja |

Du stehst vor deinem Schulabschluss? Und dir ist wichtig, dass du genau die richtige Ausbildung oder das passende duale Studium für dich findest?

Zum Ende der Schulzeit stellen sich jede Menge Fragen. Welcher Beruf passt wirklich zu mir? Was wünsche ich mir für meine berufliche Zukunft? Lass uns darüber sprechen und gemeinsam herausfinden, welcher Ausbildungsberuf bei der DB genau der richtige für dich ist.

Du hast Interesse an Technik und möchtest es weiterentwickeln? Du hast Gastgeberqualitäten und magst es, Menschen miteinander zu verbinden? Deine Freunde schätzen dich für dein Organisationstalent? Mathe liegt dir besonders? Oder dich fasziniert IT und alles, was damit zu tun hat?

Ob Verkehrsberufe, gewerblich-technische Berufe, kaufmännisch-serviceorientierte Berufe oder IT-Berufe: Die Vielseitigkeit der Deutschen Bahn bieten nur wenige Arbeitgeber in Deutschland. Wir suchen jedes Jahr begeisterte Auszubildende für über 50 Ausbildungsberufe und 25 duale Studiengänge.

Egal welchen Hintergrund du mitbringst: Hier kannst du einsteigen, umsteigen, aufsteigen. Denn dein Beitrag ist uns wichtig. Komm ins Team DB!

Deutsche
Rentenversicherung

Baden-Württemberg

# Kluge Köpfe für die Rente!

**Deutsche Rentenversicherung Baden-Württemberg**
Gartenstraße 105
76135 Karlsruhe

Tel.: 0721 825-21555
www.kluge-koepfe-fuer-die-rente.de

Ansprechpartnerin: Lina Andresen
E-Mail: azubi.ka@drv-bw.de

Facebook: www.facebook.com/klugekoepfefuerdierente
Instagram: www.instagram.com/klugekoepfefuerdierente

Beschäftigte: 3.800
Auszubildende: ca. 130 pro Jahr

**Ausbildung (m/w/d):**
- Kaufmann/-frau für Büromanagement**/***
- Sozialversicherungsfachangestellte/r**/***

**Duales Studium:**
- Digitales Verwaltungsmanagement (B. A.)***
- Rentenversicherung (LL. B.)***
  (Beamte gehobener Dienst)
- Wirtschaftsinformatik (B. Sc.)***

Praktika (Schnuppertag Schüler*innen): ja

Wir, die Deutsche Rentenversicherung Baden-Württemberg, beschäftigen rund 3.800 Mitarbeiterinnen und Mitarbeiter als Beamte oder Angestellte im öffentlichen Dienst. Wir kümmern uns dabei als moderner Dienstleister der gesetzlichen Rentenversicherung um die Rehabilitation, Altersvorsorge und Rente von über 7 Millionen Kundinnen und Kunden. Jedes Jahr stellen wir rund 130 Nachwuchskräfte ein und übernehmen sie derzeit bei entsprechender Leistung auch. Je nach Ausbildungsgang und -jahr erhalten unsere Azubis bis zu 1.398 Euro Gehalt im Monat. Unsere Azubis bekommen in kleinen Teams eine äußerst qualifizierte und moderne Ausbildung durch geschulte Trainerinnen und Trainer. Projekte, Beratungssituationen und Erkundungen zum Beispiel in Rehakliniken sorgen für Praxisnähe und Abwechslung.

Wir suchen „kluge Köpfe für die Rente“. Falls du Interesse an einer Ausbildung oder einem Studium im öffentlichen Dienst hast, freuen wir uns über deine Bewerbung.

DFS Deutsche Flugsicherung

# Weil der Himmel uns braucht


**DFS Deutsche Flugsicherung GmbH**
Am DFS-Campus 10 · 63225 Langen

Tel.: 06103 707-5155
karriere.dfs.de

Ansprechpartner: Team Bewerbermanagement
E-Mail: lotsenausbildung@dfs.de

| | |
|---|---|
| Beschäftigte: | 5.500 |
| Auszubildende: | 350 |
| Dual Studierende: | 100 |

Ausbildung (m/w/d):
Fachinformatiker/in für Systemintegration**/***
Fluglotse/Fluglotsin***
Kaufmann/-frau für Büromanagement**/***

Duales Studium (m/w/d):
Fluglotse/Fluglotsin – Air Traffic Management (B. Sc.)***
Flugsicherungsingenieur/in (B. Eng.)***
Informatik (B. Sc.)***
Luftverkehrsmanagement (B. Sc.)***

| | |
|---|---|
| Praktika: | nein |
| Jobs für Studierende: | ja |
| Bachelor-/Masterarbeiten: | ja |

**Hier geht es zur Onlinedarstellung**

Für einen reibungslosen Flugverkehr in Deutschland braucht es Profis, die den Überblick behalten. Denn Luftfahrt bedeutet mehr, als nur von A nach B zu kommen – es geht um die Sicherheit im deutschen Luftraum. Dafür steht die DFS Deutsche Flugsicherung: Mit unseren Mitarbeiterinnen und Mitarbeitern schaffen wir Sicherheit – sowohl in der Luft als auch auf den Start-, Lande- und Rollbahnen eines Flughafens.

Wir bieten anspruchsvolle Tätigkeiten für all jene, die sich für die Luftfahrt begeistern und die Zukunft des Luftverkehrs aktiv mitgestalten möchten. Dafür brauchen wir kreative Köpfe, die ebenso zielstrebig wie besonnen zu Werke gehen.

Unsere Arbeitswelt ist der deutsche Luftraum, einer der verkehrsreichsten der Welt. Aufgabe der DFS ist es, für eine sichere und störungsfreie Kontrolle des Flugverkehrs zu sorgen. Dabei setzen wir auf moderne Flugsicherungssysteme und eine hochkomplexe Technik, die von unseren Ingenieuren instand gehalten und zum Teil auch selbst entwickelt wird.

**Manche Jobs sind die Hölle – unserer ist der Himmel!**

# Ob Ausbildung oder Studium, bei dm zählst Du

**dm-drogerie markt GmbH + Co. KG**
Am dm-Platz 1
76227 Karlsruhe

Tel.: 0800 3658633
E-Mail: arbeiten@dm.de
dm-jobs.de/dein-berufsstart

| | |
|---|---|
| Beschäftigte: | mehr als 51.300 Mitarbeiter |
| Auszubildende: | Für den Ausbildungsstart schafft dm jedes Jahr rund 2.200 Ausbildungsplätze. |

**Ausbildung:**
- Drogist (m/w/d)*/**/***

sowie zehn weitere Ausbildungsberufe in den unterschiedlichen Unternehmensbereichen wie Handel, IT und Logistik

**Duales Studium:**
- BWL – Handel, Schwerpunkt Filiale (B. A.)***

sowie zwanzig weitere Studiengänge in den unterschiedlichen Unternehmensbereichen wie Handel, IT und Logistik

| | |
|---|---|
| Praktika: | ja |
| Jobs für Studierende: | ja |

Aus Gründen der leichteren Lesbarkeit haben wir uns für die männliche Schreibweise entschieden. Die abgebildeten Inhalte richten sich aber zugleich an alle Geschlechter. Mit dieser Schreibweise wollen wir niemanden ausschließen, denn bei uns ist jede Person gleichermaßen willkommen und prägt unsere Arbeitsgemeinschaft mit ihrer Individualität.

dm ist der beliebteste und umsatzstärkste Drogeriemarkt Deutschlands – und eine starke Arbeitsgemeinschaft von mehr als 51.300 Menschen. Ob im dm-Markt, im Logistikzentrum, in unserem Unternehmenssitz dialogicum oder bei unserer IT-Tochter dmTECH: Mit einer Ausbildung oder einem Studium bei uns kannst Du Deinen ganz persönlichen Lernweg gehen. Denn wir suchen Menschen mit unterschiedlichen Talenten, Kenntnissen und Persönlichkeiten.

Unsere dm-Märkte sind für viele Menschen echte Wohlfühlorte. Wer bei uns einkauft, spürt die besondere Atmosphäre. Das liegt vor allem an unseren Mitarbeitenden: Sie beraten, gestalten und organisieren mit Freude und Fachwissen. Werde auch Du Teil von dm – mit einer Ausbildung zum Drogisten oder dem dualen Studium BWL-Handel. Gemeinsam arbeiten wir daran, dass Kundinnen und Kunden auch in Zukunft gern in unsere dm-Märkte kommen.

**Hier geht es zur Website:**

# EDEKA SÜDWEST FLEISCH

## Meat your Job
### Deine Chance. Unser Team.

**EDEKA Südwest Fleisch GmbH**
Messering 2
76287 Rheinstetten

Tel.: 0721 18055-8473
https://suedwestfleisch.de/

Ansprechpartnerinnen:
Katharina Schlöbe
katharina.schloebe@edeka-suedwest.de

Ausbildungsleitung:
Rebecca Weis

https://suedwestfleisch.de/karriere-2/next-generation/ausbildung/

Beschäftigte: 1.500
Auszubildende: 33
Dual Studierende: 6

**Ausbildung (m/w/d):**
- Berufskraftfahrer/in*/**/***
- Fachkraft für
  - Lagerlogistik*/**/***
  - Lebensmitteltechnik**/***
- Fleischer/in*/**/***
- Mechatroniker/in**/***

**Duales Studium:**
- Data Science und Künstliche Intelligenz (B. Sc.)***
- Ernährungs- und Lebensmittelwissenschaften
  - Lebensmittel (B. A.)***

Praktika: ja
Jobs für Studierende: ja
Bachelor-/Masterarbeiten: ja

**Hier geht es zu unseren offenen Stellen:**

Was dich bei EDEKA Südwest Fleisch GmbH am Standort Rheinstetten erwartet: eine sehr gute Betreuung durch dein Ausbilderteam und deinen Azubi-Paten. In jedem Ausbildungsberuf hast du eine:n Ausbilder:in an der Seite, die/der den Beruf auch tatsächlich ausübt und einen Auszubildenden, der dich an die Hand nehmen kann.

**WICHTIG: WIR haben IMMER ein offenes Ohr für DICH!**

Du brauchst noch mehr Benefits? Hier bist du richtig: familiäres Klima, Möglichkeit Ideen und Projekte in die Tat umzusetzen, attraktive Bezahlung (Tarifvertrag), sowie Weihnachts- und Urlaubsgeld, ein neues Tablet und eine abwechslungsreiche Ausbildung. Sonderaktionen, wie z. B. das alljährliche Sommercamp mit tollen Events, Ausflüge zu anderen Produktionsunternehmen, Messebesuche u.v.m.!

# Starte jetzt mit uns durch!

**EHRMANN Einrichtungshäuser**
Lotschstraße 9
76829 Landau

Tel.: 06341 977-172
www.moebelehrmann.de

Ansprechpartnerin: Michelle Emanuel
E-Mail: jobboerse@moebelehrmann.de

Beschäftigte: 700
Auszubildende: 56
Dual Studierende: 3

**Ausbildung (m/w/d) am Standort Rastatt:**
- Fachkraft
  - Lagerlogistik*/**/***
  - Möbel-, Küchen- und Montageservice*/**/***
- Fachlagerist/in*/**/***
- Kaufmann/-frau im Einzelhandel*/**/***

Praktika: ja
Jobs für Studierende: ja
Bachelor-/Masterarbeiten: ja

**Hier geht es zur Onlinedarstellung**

## Einfach schöner wohnen ...

... steht als Motto und Maßstab für persönliche Beratung und aktuelle Wohntrends in Landau, Herxheim, Reilingen, Rastatt, Bruchsal, Frankenthal und in Trier. Mit einer Gesamtausstellungsfläche von derzeit über 100.000 m² ist EHRMANN der Qualitätsführer bei Auswahl, Preis-Leistungs-Verhältnis und Service.

Um dauerhaft erfolgreich in der Region zu agieren, bedarf es heute wie auch in Zukunft tatkräftiger Unterstützung durch engagierte und kompetente Mitarbeiter. Starte jetzt deine Ausbildung oder dein duales Studium mit uns!

Die Einrichtungshäuser der Unternehmensgruppe EHRMANN bieten jungen Menschen viele unterschiedliche Ausbildungsberufe – für einen perfekten Start ins Berufsleben!

EMERSON

# Starten Sie Ihre Karriere bei Emerson!

**EMERSON**
**ASCO Numatics GmbH**
Otto-Hahn-Straße 7 - 11
75248 Ölbronn-Dürrn

www.emerson.com/de-de/careers

Ansprechpartnerin: Teresa Felix
Tel.: 07237 996906
E-Mail: teresa.felix@emerson.com

74.000 Mitarbeitende weltweit,
20 Standorte in Deutschland

**Ausbildung (m/w/d):**

- Elektroniker/in für
  - Betriebstechnik*/**/***
  - Geräte und Systeme**/***
- Fachkraft für Lagerlogistik*/**/***
- Industriekaufmann/-frau**/***
- Industriemechaniker/in**/***
- Kaufmann/-frau für Digitalisierungsmanagement**/***
- Mechatroniker/in*/**/***
- Technische/r Produktdesginer/in**/***
- Zerspanungsmechaniker/in**/***

**Duales Studium:**

- Angewandte Informatik (B. Sc.)***
- Betriebswirtschaftslehre (B. A.)***
- Elektrotechnik (B. Eng.)***
- Industrie-BWL / Industrial Management (B. A.)***
- Informatik (B. Sc.)***
- Informationstechnologie (B. Sc.)***
- Maschinenbau (B. Eng.)***
- Mechatronik (B. Eng.)***
- Technische Informatik (B. Sc.)***
- Wirtschaftsingenieurwesen (B. Eng.)***

Emerson ist ein globales Technologieunternehmen, das innovative Automatisierungslösungen für die wichtigsten Industrien der Welt anbietet. Mit unserem Team aus erfahrenen Problemlösern entwickeln wir Ideen und Lösungen für die Welt von morgen.

Wir setzen uns weltweit für die Reduzierung von Emissionen und die Förderung erneuerbarer Energien ein. Lokal sind wir tief in der Region verwurzelt und unterstützen soziale Projekte.

Wir denken anders. Mit uns können Sie ambitionierte Ziele verfolgen, schwierige Fragen stellen und sich in unserem globalen Team weiterentwickeln. Emerson bietet Ihnen vielfältige Perspektiven.

Bei uns steht der Mensch im Mittelpunkt. Unsere Auszubildenden und Dual-Studierenden profitieren von der umfassenden Unterstützung und dem direkten Austausch vor Ort.

Werden Sie Teil unseres Teams: Lassen Sie uns gemeinsam die Welt gesünder, sicherer, besser und nachhaltiger machen.

Let's Go, Together!

# Eurofins. World Leader in Testing for Life

**Eurofins Agroscience Services EcoChem GmbH**
Eutinger Straße 24
75223 Niefern-Öschelbronn

Tel.: 072339627-637
www.eurofins.com

Ansprechpartner/innen:

Philip Winter
E-Mail: philipwinter@eurofins.com

Karina Kirsch
E-Mail: karinakirsch@eurofins.com

Nadja Boubakri
E-Mail: nadjaboubakri@eurofins.com

**Hier geht es zur Azubiseite**

© Eurofins Agroscience Services EcoChem GmbH

Beschäftigte: 300
Auszubildende: 9

**Ausbildung (m/w/d):**

- Chemielaborant/in**/***

Praktika: ja
Jobs für Studierende: ja
Bachelor-/Masterarbeiten: ja

Eurofins ist ein internationales Life-Science-Unternehmen, das Kunden aus verschiedenen Branchen ein einzigartiges Angebot an Analytik-Dienstleistungen anbietet, um das Leben und unsere Umwelt sicherer, gesünder und nachhaltiger zu machen. Von den Lebensmitteln, die du isst, über das Wasser, das du trinkst, bis hin zu den Medikamenten, auf die du dich verlässt, arbeitet Eurofins mit den größten Unternehmen der Welt zusammen.

Während Deiner Ausbildung durchläufst Du fünf unterschiedliche Abteilungen und lernst die Grundlagen der Tätigkeit als Chemielaborant:in bei uns kennen.

In einer modernen und nach neusten Standards ausgestatteten Laborumgebung lernst und übernimmst Du die Probenahme, -vorbereitung und -extraktion in unseren Studien, dabei arbeitest Du eng mit unseren Techniker:innen zusammen. Zusätzlich erlernst Du die Anwendung moderner chromatographischer und spektroskopischer Methoden sowie die Bestimmung verschiedenster physikalisch-chemischer Parameter.

AMTLICH WAS BEWEGEN IN THE LÄND.

# Karriere in der Finanzverwaltung

**Finanzamt Karlsruhe-Stadt**
Durlacher Allee 29 · 76131 Karlsruhe

Tel.: 0721 1560
www.amtlich-was-bewegen.de

Ansprechpartnerin:
Tanja Mader
E-Mail: ausbildung-35@finanzamt.bwl.de

© Baden-Württemberg, Ministerium für Finanzen

**Ausbildung (m/w/d):**
- Bauzeichner/in*/**/***
- Finanzwirt/in
  - in der Steuerverwaltung**/***
  - in der allgemeinen Finanzverwaltung**/***
- Kauffrau/Kaufmann für Büromanagement**/***
- Technische/r Systemplaner/in**/***

**Duales Studium:**
- Allgemeine Finanzverwaltung (LL. B.)***
- Bauingenieurwesen, Öffentliches Bauen (B. Eng.)***
- Cyber Security (B. Sc.)***
- Data Science & KI (B. Sc.)***
- Elektrotechnik, Elektrische Energietechnik (B. Eng.)***
- Informatik
  - Angewandt (B. Sc.)***
  - Künstliche Intelligenz (B. Sc.)***
- Maschinenbau, Versorgungs- und Energiemanagement (B. Eng.)***
- Wirtschaftsinformatik (B. Sc.)***

**Bist Du bereit für Veränderung?** Wer amtlich was bewegen will, der ist im öffentlichen Dienst genau richtig. Hier braucht es kluge Köpfe. Und die bekommen auch amtlich was geboten, denn neben attraktiven Arbeitsbedingungen gibt es im öffentlichen Dienst noch viele weitere tolle Benefits. Vor allem: eine Arbeit, die Sinn macht. Also warum nicht gleich anfangen?

### Macht Sinn.

Unsere Arbeit macht Sinn: Bildung, Sicherheit, Umweltschutz und vieles mehr kosten Geld – und dafür sorgen wir.

### Lohnt sich.

Über Geld spricht man. Zumindest bei uns – hier gibt es ein attraktives Nettogehalt und das schon in der Ausbildung und im Studium. Und direkt danach gibt es in Baden-Württemberg sogar mehr Geld als in den umliegenden Bundesländern.

### Schafft Zeit.

Work-Life-Balance ist für uns eine Selbstverständlichkeit. Wir bieten dir flexible Arbeitszeiten und die Möglichkeit auf Teilzeit und Home-Office.

### Ist garantiert.

Ob persönliche oder gesellschaftliche Krise, bei uns ist eine Sache sicher: Deine Sicherheit. Dein Job ist Dir garantiert und das bleibt auch so.

Flowserve Flow Control GmbH
Rudolf-Plank-Straße 2
76275 Ettlingen

Tel.: 07243 103-862
www.flowserve.com

Ansprechpartner:
Timo Kohler
E-Mail: tkohler@flowserve.com
Mobil: 0151 14664758

**Quantum Gesellschaft für berufliche Bildung mbH**
August-Fischbach-Strasse 7
78166 Donaueschingen

Tel.: 0771 920321
www.quantum-bildung.jetzt

**Ausbildung (m/w/d):**

- Fachkraft
  - Lagerlogistik*/**/***
  - Metalltechnik*/**/***
- Fachlagerist/in*/**/***
- Industriekaufmann/-frau*/**/***
- Industriemechaniker/in*/**/***

**Förderfähige Umschulungen:**

- Industriemechaniker (IHK)
- Maschinen- und Anlagenführer/in (IHK)

Sowie Anpassungsqualifizierungen u. a. im Bereich CNC, Industrie 4.0

**Duales Studium:**

- Maschinenbau (B. Eng.)***

Wir bieten Praktika an für alle Berufszweige, BOGY, BORS und freiwillige Praktika.

**Hier geht es zur Karriereseite von Flowserve.**

Durch die kollektive Energie und die Ideen unserer Mitarbeiter konnten wir uns seit mehr als 230 Jahren von anderen abheben. Von der Herstellung von sauberem Trinkwasser bis hin zur Energieversorgung von Städten – unser Ziel motiviert uns, die Welt zu verbessern.

Hier wirst du Teil einer globalen Gemeinschaft von Innovatoren. Wir sind stolz auf unsere inklusive Unternehmenskultur, die durch die verschiedenen Ideen, Perspektiven und Erfahrungen von mehr als 16.000 Mitarbeitern in über 50 Ländern angetrieben wird. Bei Flowserve kannst du neues Potenzial erreichen, dein Wohlbefinden maximieren und gleichzeitig einen wichtigen Beitrag zur Entwicklung außergewöhnlicher Lösungen für die Durchflussregelung und zur Verbesserung der Welt leisten.

© Flowserve Flow Control GmbH

# Mit **Neugier.** Mit **Perspektive.** **Miteinander.**

Beschäftigte: **ca. 1.450**
Auszubildende: **95**

**Ausbildung (m/w/d):**
» Pflegefachkraft
» Pflegehilfskraft

Praktika: **Ja**
Jobs für Studierende: **Ja**
Bachelor-/Masterarbeiten: **Nein**

**Haus Edelberg Dienstleistungsgesellschaft für Senioren mbH**

Schoemperlenstraße 12 a
76185 Karlsruhe

Tel.: 0721 9467-0
www.haus-edelberg.de

Ansprechpartnerin: Tina Neumann
E-Mail: bewerbung@haus-edelberg.de

Ausbildung in der Pflege – krisensicher, sinnstiftend und mit diversen Aufstiegsmöglichkeiten!

Die Haus Edelberg Unternehmensgruppe ist eines der führenden Unternehmen in der Altenpflegebranche. Wir bieten unseren Bewohnern ein selbstbestimmtes, erfülltes Leben nach ihren individuellen Möglichkeiten und Bedürfnissen. Sicherheit und eine professionelle Betreuung und Pflege auf höchstem Niveau sind dabei eine Selbstverständlichkeit.

Und das Beste – die Qualität unserer Ausbildung stellen wir durch unsere neu gegründete und unternehmenseigene Pflegeschule sicher.

Helfen Sie uns, ein Lächeln auf das Gesicht unserer Bewohner zu zaubern!

HIER BIN
ICH **WIR.**

**Haus Edelberg**
Senioren-Zentren

**Heinrich Schmid**

# Handwerk trifft Kopfwerk: Hier ist deine Chance!

**Heinrich Schmid GmbH & Co. KG**
Bannwaldallee 60 · 76185 Karlsruhe

Gewerbering 28
76351 Linkenheim-Hochstetten

Amalienstraße 34 · 76689 Karlsdorf-Neuthard

Steinzeugstraße 33 – 35 · 75015 Bretten

Ansprechpartnerin: Cynthia Kurtz
Mobil: 0151 18882211
E-Mail: c_kurtz@heinrich-schmid.de

Beschäftigte: 6.844
Auszubildende: 865
Studierende: 87

**Ausbildung (m/w/d):**
- Anlagenmechaniker/in**/***
- Bodenleger/in*/**/***
- Fliesenleger/in*/**/***
- Maler/in und Lackierer/in*/**/***
- Maurer/in*/**/***
- Trockenbaumonteur/in*/**/***

**Bachelorstudium:**
- Ausbildung + Studium Baumanagement und Baubetrieb (B. Eng.)***
- Ausbildung + Studium Bauingenieurwesen (B. Eng.)***
- BWL – Handwerk (B. A.)***
- Bauingenieurwesen (B. Eng.)***
- Wirtschaftsingenieurwesen – Facility Management (B. Eng.)***

Praktika: ja
Jobs für Studierende: ja

Weitere Informationen unter:
www.werde-ein-heinrich-schmid.de

Du planst eine Ausbildung im Handwerk, mit dem berühmten „goldenen Boden“ – und vielleicht noch etwas mehr? Bei Heinrich Schmid, dem bundesweit führenden Unternehmen in Sachen Bau und Ausbau, bekommst du eine umfassende Ausbildung zur Fach- und Führungskraft mit langfristiger Perspektive.

Unsere eigene Akademie und eine übertarifliche Vergütung bieten einen attraktiven Einstieg zum Aufstieg: vom Azubi zum Niederlassungsleiter, von der Mittleren Reife zum Bachelor, vom Wissen und Machen zum Beraten und Planen.

Wir glauben an das MEHR in dir und bieten dir:
- Zulage zusätzlich zur vertraglich vereinbarten Vergütung
- Regionale Begrüßungstage
- Eigener Lehrlingswart und regionaler Ausbildungsbeauftragter
- Digitales Berichtsheft und digitale Lernplattform
- Die praktische Ausbildung findet auf unseren Baustellen und in unseren Lehrwerkstätten statt
- Intensive Prüfungsvorbereitungen
- Arbeitskleidung, Sicherheitsschuhe und Azubi-Tasche mit Schreibmaterial
- Mitarbeiter-Events und Ausflüge

# Wir verbinden mehr als nur Materialien

**Herrmann Ultraschalltechnik GmbH & Co. KG**
Descostraße 3 – 11
76307 Karlsbad

Tel.: 07248 790
www.herrmannultraschall.com/de/

Ansprechpartnerin: Lisa Krämer
E-Mail: lisa.kraemer@herrmannultraschall.com

Karriereportal: www.herrmannultraschall.com/de/unternehmen/karriere

Beschäftigte: 600
Auszubildende: 25
Dual Studierende: 13

**Ausbildung (m/w/d):**
- Elektroniker/in für Betriebstechnik*/**/***
- Fachkraft für Lagerlogistik*/**/***
- Industriekaufmann/-frau**/***
- Industriemechaniker/in*/**/***
- Mechatroniker/in**/***
- Zerspanungsmechaniker/in*/**/***

**Duales Studium:**
- BWL Industrie (B. A.)***
- Elektrotechnik (B. Eng.)***
- Informationstechnik (B. Eng.)***
- Maschinenbau (B. Eng.)***
- Maschinenbau Kunststofftechnik (B. Eng.)***
- Wirtschaftsingenieurwesen (B. Eng.)***

Praktika: ja
Jobs für Studierende: ja
Bachelor-/Masterarbeiten: ja

**Hier geht es zur Onlinedarstellung**

Du willst mehr als nur „irgendwas lernen"?

Dann bist Du bei uns richtig! Wir suchen Menschen, die sich bei uns einbringen und weiterentwickeln wollen. Bei uns erwarten Dich eine Top-Ausbildung und tolle Benefits:

Eine moderne Arbeitsausstattung bereitet Dich ideal auf die Zukunft vor. Unsere Herrmann Academy vermittelt Dir wichtiges Fachwissen, auf unserer Dachterrasse kannst Du bei unseren Firmenevents feiern. Außerdem unterstützen wir Dich mit einem Fahrtkostenzuschuss und einem eigenen Azubi-Mobil für den/die Jahrgangsbeste/n.

Was wir machen?

Wir bauen Maschinen zum Verschweißen von Kunststoffen und Metallen mit Ultraschall. Vom E-Auto bis zum Kinderspielzeug wird unsere Technologie überall auf der Welt genutzt. Dabei setzen wir als Weltmarktführer die Trends.

Unsere Mitarbeitenden sind unser wichtigstes Kapital – sie sind Macher, Dynamiker, Turbotüftler, Powerprofis und Horizonterweiterer.

Werde ein Teil von Herrmann und lass uns die Zukunft gemeinsam gestalten!

HÖRGERÄTE SEIFERT

# Hörakustiker*in – Beruf mit Zukunft. Spannend. Vielseitig. Anspruchsvoll.


**HÖRGERÄTE SEIFERT GmbH**
Fraunhoferstraße 18 a
82152 Planegg

Tel.: 089 71099-0
www.hoergeraete-seifert.de
www.hoerakustik-ausbildung.de

Ansprechpartnerin: Hariet Mahlich
E-Mail: karriere@hoergeraete-seifert.de

Besuch uns auf Instagram
@seifert_azubis

Beschäftigte: 400
Auszubildende: 69

**Ausbildung (m/w/d):**
- Hörakustiker/in**/***

Praktika: ja

**Hier geht es zur Onlinedarstellung:**

Du bist noch auf der Suche nach der passenden Ausbildung für dich? Du möchtest einen vielseitigen und zukunftssicheren Beruf? Du hast Freude am Umgang mit Menschen, interessierst dich für Technik und Medizin und bist handwerklich begabt? Dann bist du bei uns genau richtig! Starte deine Karriere bei uns und werde Hörakustiker*in! HÖRGERÄTE SEIFERT ist als familiengeführtes Unternehmen mit über 90 Niederlassungen eines der führenden Hörakustik-Unternehmen in Süddeutschland. Die Ausbildung zur Hörakustikerin oder zum Hörakustiker bei HÖRGERÄTE SEIFERT bietet dir viele Vorteile!

Als mittelständisches Familienunternehmen in der Hörakustik nehmen wir die Verantwortung als Ausbildungsbetrieb und Arbeitgeber sehr ernst. Wir fördern unsere Mitarbeiter*innen und unterstützen dich dabei, deine Fähigkeiten zu entfalten. Ein Betriebsklima, das Spaß macht, abwechslungsreiche Aufgaben und sympathische, nette Kollegen kennzeichnen deinen Arbeitsalltag.

Während deiner Ausbildung ist ein geschultes Ausbildungsteam immer offen für deine Vorschläge und Ideen, und steht dir auch bei Fragen oder Problemen jederzeit hilfreich zur Seite.

# Hosting Solutions – we get IT together

**Hosting Solutions GmbH**
Gebrüder-Himmelheber Straße 7
76135 Karlsruhe

Ansprechpartnerin:
Evelin Müller
E-Mail: evelin.mueller@host-sol.com
Tel.: 0160 99701784

Beschäftigte: 20
Auszubildende: 5

**Ausbildung (m/w/d):**
- Fachinformatiker/in für Systemintegration**/***

**Studium:**
- Informatik***
- Wirtschaftsinformatik***

Jobs für Studierende: ja
Bachelor-/Masterarbeiten: ja

**Hier geht es zu unserer Webseite:**

Bist du bereit, in die Welt der IT einzutauchen und die digitale Zukunft mitzugestalten? Dann bist du bei uns genau richtig!

Seit 2005 sind wir ein inhabergeführtes IT-Unternehmen. Unsere Hauptgeschäftsfelder umfassen den Betrieb von SAP-Systemen, Projektarbeiten rund um die SAP-Basis, sowie IT Security Projekte für Kunden, die ein SAP-System betreiben.

Unsere Arbeit bei Hosting Solutions ist geprägt von der stetigen Suche nach neuen Lösungen. Die IT-Branche ist ein dynamisches Berufsfeld, das sich ständig wandelt und weiterentwickelt. Mit einer Ausbildung oder einem Studium bei uns legst du den Grundstein für eine Karriere, die dir Sicherheit und zahlreiche Entwicklungsmöglichkeiten bietet. Bei uns wirst du fit gemacht in der Administration von Systemen, Netzwerken, Datenbanken, Cloud-Anwendungen und vielem mehr. Besonders wichtig ist uns, dass wir nicht nur ausbilden, um dir eine solide Grundlage zu geben, sondern auch, um dich langfristig in unser Team aufzunehmen. Unsere Philosophie ist es, junge Talente zu fördern und ihnen eine feste Position in unserem Unternehmen anzubieten.

Besuche uns auf der Messe und erfahre mehr über deinen Karriereweg bei der Hosting Solutions GmbH!

# Arbeiten, wo Zukunft entsteht

**Impuls Soziales Management GmbH & Co. KG**
Weserstraße 2 a
34125 Kassel

Tel.: 0561 781840
www.e-impuls.de

Ansprechpartner:
Kai Viakofsky und Tom Hertwig
Personalreferenten
E-Mail: kviakofsky@e-impuls.de
thertwig@e-impuls.de
Bewerbung: www.e-impuls.de

Beschäftigte: ca. 1.100 deutschlandweit

**Ausbildung zum/zur Erzieher/in (m/w/d):**
- Praxisintegrierte vergütete Ausbildung (PiA)**/***
- Berufspraktikum (BP) zum/zur Erzieher/in**/***

**Ausbildung zum/zur Sozialassistent/in (m/w/d)**/*****

**Praxisplätze für duales Studium:**
- Kindzeitspädagogik (B. A.)***
- Sozialpädagogik (B. A.)***

Praktika: ja
Jobs für Studierende: ja
Bachelor-/Masterarbeiten: nein

Wir sind ein Betreiber von betrieblichen und öffentlichen Kindertagesstätten. Insgesamt 47 Einrichtungen deutschlandweit – von der Krippe über den Kindergarten bis zum Hort – unterstützen Eltern bei der Vereinbarkeit von Familie und Beruf.

Unsere mehr als 1.100 Mitarbeitenden begleiten über 3.000 Kinder beim Aufwachsen. Vom Freiwilligendienst über das Berufspraktikum bis zur praxisintegrierten Ausbildung oder einem dualen Studium stehen Berufsanfängern verschiedene Möglichkeiten zur Verfügung, in die pädagogische Arbeit bei uns einzusteigen.

**Unsere Kindertagesstätten im Raum Karlsruhe:**

- sternchen Wörth
- sternchen Gaggenau
- sternchen Germersheim
- sternchen Rastatt
- WaldKleckse
- WaldSchatz
- Waldhöhle
- Kinderhaus MurgWichtel
- Kinderhaus Wiesenwichtel
- Gaggenauer Waldhummeln

Karlsruher Institut für Technologie

# Deine Zukunft mit uns ...

**Karlsruher Institut für Technologie – KIT**
Hermann-von-Helmholtz Platz 1
76344 Eggenstein-Leopoldshafen

Tel.: 0172 608-25181 / -22598
www.kit-ausbildung.de

Ansprechpartnerinnen:
Bettina Auer und Michelle Claupein
E-Mail: info@ausbildung.kit.edu

**Bewerbungsportal**
www.kit-ausbildung.de/de/offene-stellen

**Karlsruher Institut für Technologie**
Zentrale Studienberatung
Engelbert-Arnold-Straße 2
76131 Karlsruhe

www.sle.kit.edu/vorstudium/index.php
www.kit.edu/index.php

Tel.: 0721 608-44930
E-Mail: info@zsb.kit.edu

**Bachelor-Studiengänge:**
- Geistes- und Sozialwissenschaften
- Ingenieurwissenschaften
- Lehramt
- Naturwissenschaften
- Wirtschaftswissenschaften

**Duale Studiengänge in Zusammenarbeit mit der dualen Hochschule Baden-Württemberg (DHBW):**
- Bachelor of Arts
- Bachelor of Engineering
- Bachelor of Science

**Ausbildungsberufe:**
- Gewerblich-technische Berufe
- IT-Berufe
- Kaufmännische Berufe
- Naturwissenschaftliche Berufe

Mehr Informationen zu unseren Ausbildungsberufen und dualen Studiengängen unter: www.kit-ausbildung.de

Das KIT ist eine der führenden technischen Universitäten Europas, die Spitzenforschung und vielfältige Studiengänge in einer lebendigen Gemeinschaft vereint. Auf unserem Campus erlebst du nicht nur hervorragende Lehre, sondern auch ein pulsierendes Campusleben mit vielfältigen Freizeitaktivitäten.

Als einer der größten Arbeitgeber in der Technologieregion Karlsruhe bildet das KIT jedes Jahr etwa 100 Azubis aus. Wir bereiten Dich zielsicher auf eine erfolgreiche Zukunft vor – in mehr als 25 Ausbildungsberufen und über 12 DHBW Studiengängen. Aufgrund des Erfolgs des dualen Studiensystems kooperiert das KIT mit mehreren Standorten der Dualen Hochschule Baden-Württemberg.

In modernen Einrichtungen vermitteln wir nicht nur Fachwissen, sondern fördern auch deine persönlichen Talente durch praxisnahe Projekte und eine ganzheitliche Entwicklung. Beginne auch Du Deine berufliche Zukunft am KIT und starte jetzt mit uns erfolgreich in Deine Berufskarriere! Es gibt mehr als eine Richtung – Deine Zukunft mit uns!

# KTE

Kerntechnische
Entsorgung Karlsruhe

## Deine Ausbildung hat Bedeutung

**Kerntechnische Entsorgung Karlsruhe GmbH**
Hermann-von-Helmholtz-Platz 1
76344 Eggenstein-Leopoldshafen

Tel.: 07247 88 2673
www.kte-karlsruhe.de

Ansprechpartner: Jonas Bart
E-Mail: ausbildung@kte-karlsruhe.de

https://karriere.kte-karlsruhe.de/

© Kerntechnische Entsorgung Karlsruhe GmbH

Beschäftigte: 700
Auszubildende: 8
Dual Studierende: 7

**Ausbildung (m/w/d):**

- Fachinformatiker/in
  - Fachrichtung Systemintegration**/***
- Mechatroniker/in**/***

**Duales Studium:**

- Elektro- und Informationstechnik (B. Eng.)***
- Informatik (B. Sc.)***
- Sustainable Science and Technology - Strahlenschutz (B. Sc.)***

Bei der Kerntechnische Entsorgung Karlsruhe GmbH (KTE) erlebst du zwischen geschichtsträchtigen Anlagen und modernster Technik den nachhaltigen Umgang mit unseren Rohstoffen.

Rund 700 Mitarbeiter/innen arbeiten daran, die stillgelegten Anlagen sicher und effizient rückzubauen und die dabei entstehenden Abfälle sicher zu verarbeiten. Um diese gesellschaftlich wichtige Aufgabe zu leisten, arbeiten hier Expert/innen unter anderem aus dem Strahlenschutz, der Arbeitssicherheit, der Elektrotechnik und der Informatik direkt zusammen. Bei der KTE erhälst Du eine tarifliche Ausbildungsvergütung inkl. Urlaubs- und Weihnachtsgeld, 30 Urlaubstage sowie weitere tolle Benefits. Unser Ziel ist es, Dich nach bestandener Ausbildung in ein festes Arbeitsverhältnis zu übernehmen. Die KTE bietet spannende Ausbildungs- und Studienplätze in einem nicht alltäglichen Arbeitsumfeld. Werde auch Du ein wertvolles Mitglied unseres Teams.

**Hier geht es zur Onlinedarstellung:**

KLOSTER HORNBACH
*Ihr Hotel für Leib und Seele*
ANNO 742 | 2000

# Gemeinschaft und Zusammenhalt an erster Stelle

**Kloster Hornbach**
Im Klosterbezirk
66500 Hornbach

Tel.: 06338 91010-0
www.kloster-hornbach.de

Ansprechpartnerin: Jasmin Knobloch
E-Mail: j.knobloch@kloster-hornbach.de

Beschäftigte: 75
Auszubildende: 15

**Ausbildung (m/w/d):**
- Fachmann/-frau für Restaurants und Veranstaltungsgastronomie*/**/***
- Hotelfachmann/-frau**/***
- Hotelfachmann/-frau mit Zusatzqualifikation***
- Koch/Köchin*/**/***
- Restaurantfachmann/-frau im FHG-Model***
- Veranstaltungskaufmann/-frau**/***

**Duales Studium:**
- Hotelmanagement (B. A.)***

Praktika: ja

**Hier geht es zur Onlinedarstellung**

Das Hotel Kloster Hornbach ist ein ehemaliges Benediktinerkloster, das zu einem 4-Sterne-Superior-Hotel umgebaut wurde und privat geführt wird. Neben den Inhabern ist auch bereits die zweite Generation mit Franziska Lösch (28) dabei.

Du wirst in ein Team von 75 Gastgebern integriert, die jeden Tag das Ziel verfolgen, gemeinsam unsere Gäste zu begeistern und ihnen magische Momente zu bereiten. Um zu begeistern, musst du Freude an der Arbeit im Team haben. Du solltest Menschen mögen und Abwechslung lieben. Hier sind Flexibilität, Kreativität und Eigenverantwortung gefragt.

Deine Sicherheit erlangst du über eine fundierte Ausbildung, für die in unseren Häusern zehn Führungskräfte mit großer Erfahrung an deiner Seite stehen. Die familiäre Atmosphäre zeichnet uns aus. Dein persönliches Wohl liegt uns am Herzen, denn wir wissen: Nur wer sich wohl und wertgeschätzt fühlt, ist mit Freude dabei und kann Leistung bringen. Wir lieben, was wir tun!

# Schritt für Schritt zum Messegespräch mit Expert/innen: So geht's

## 1 Überlege, was du werden willst

Sprich mit Freunden und Familie über deine Interessen und Stärken! Auch Berufswahltests können dir helfen.

## 2 Informiere dich über die Aussteller

In diesem Messehandbuch, in der Suchbörse und im vocatium magazin auf www.erfolg-im-beruf.de findest du alle wichtigen Informationen.

## 3 Melde dich mit deinen Gesprächswünschen an

Welcher Beruf interessiert dich und mit wem willst du auf der Messe sprechen? Den ausgefüllten Anmeldebogen einfach bei deiner Lehrkraft abgeben.

## 4 Du erhältst deine persönliche Einladung

Auf deiner Messeeinladung (diese bekommst du ca. 14 Tage vor der Messe von deiner Lehrkraft) findest du deine Gesprächstermine mit den genauen Uhrzeiten.

## 5 Bereite dich auf deine Gespräche vor

Mach dir ein genaueres Bild von den Firmen und Institutionen. Überlege vor dem Messebesuch: Was willst du wissen? Was könnte dein Gegenüber dich fragen?

## 6 Teilnahme an der vocatium

Viel Erfolg bei deinen Gesprächen!

- Lerne die Aussteller persönlich kennen.
- Finde heraus, ob ein Studiengang oder eine Ausbildung zu dir passt.
- Bewirb dich direkt für einen Ausbildungsplatz, wenn du willst.
- Zeig dich interessiert und freundlich, um die Aussteller von dir zu überzeugen.
- Schau dich um und sprich spontan mit weiteren Ausstellern.

# KVBW

Ihre Zukunft im Blick.

**Kommunaler Versorgungsverband Baden-Württemberg**
Ludwig-Erhard-Allee 19 · 76131 Karlsruhe

Tel.: 0721 5985-933
www.kvbw.de

Ansprechpartnerinnen:
Teresa Wolz und Jutta Eberle
E-Mail: personal.beamte@kvbw.de

© Kommunaler Versorgungsverband Baden-Württemberg / Kazakov

© Kommunaler Versorgungsverband Baden-Württemberg / Micha Roth

Beschäftigte: 600
Auszubildende: 17

**Ausbildung (m/w/d):**

- Verwaltungsfachangestellte/r**/***
- Fachinformatiker/in in den Fachrichtungen:
  - Anwendungsentwicklung**/***
  - Daten- und Prozessanalyse**/***
  - Systemintegration**/***

Praktika: ja
Jobs für Studierende: ja
Bachelor-/Masterarbeiten: nein

Der Kommunale Versorgungsverband Baden-Württemberg (KVBW) ist für seine Kunden ein starker und zuverlässiger Partner in hohen Qualitätsstandards. Unsere Hauptaufgaben sind unter anderem die Erstattung der Beihilfe im Krankheitsfall, die Versorgung im Alter für die Beamten (Pension) und Beschäftigten (Betriebsrente) im kommunalen und kirchlichen Bereich in ganz Baden-Württemberg.

Durch interessante hausweite Einsatzgebiete – insbesondere in unseren Abteilungen Beamtenversorgung, Beihilfe, Zusatzversorgung und Kommunaler Personalservice – sorgen wir für vielseitige Verwaltungsaufgaben und Sachbearbeitungstätigkeiten.

Ohne Technik geht nichts, darum sorgen unsere IT-Bereiche für einen reibungslosen Betriebsablauf. Auch hier ist sichergestellt, dass unsere Auszubildenden von Anfang an in spannende Themengebiete der Anwendungsentwicklung und Systemintegration eingearbeitet werden.

**Hier geht es zu unserer Azubibroschüre.**

# LANDKREIS KARLSRUHE

# Jede Karriere hat ihren Ursprung

**Landratsamt Karlsruhe**
Kriegsstraße 100 · 76133 Karlsruhe

Tel.: 0721 936-52330
www.landkreis-karlsruhe.de

Ansprechpartnerin: Daniela Höhn
E-Mail: ausbildung@landratsamt-karlsruhe.de

Beschäftigte: 2.200
Auszubildende: 100

**Ausbildung (m/w/d):**
- Verwaltungsfachangestellte/r**/***
- Verwaltungswirt/in**/***
- Vermessungstechniker/in**/***
- Geomatiker/in**/***
- Fachinformatiker/in
  - Systemintegration**/***
  - Daten- und Prozessanalyse**/***
- Straßenwärter/in*/**

**Duales Studium:**
- Public Management (B. A.)***
- Digitales Verwaltungsmanagement (B. A.)***
- Soziale Arbeit (B. A.)***
  - Jugend-, Familien- und Sozialhilfe
  - Menschen mit Behinderung
- Sozialwirtschaft (B. A.)***
- Sustainable Science & Technology (B. Sc.)***
- Bauingenieurwesen
  - Öffentliches Bauen (B. Eng.)***
  - Umwelt, Verkehr, Wasser (B. Eng.)***
- Climate Change Management & Engineering (B. Eng.)***
- BWL - Technical Management/Wertstoffmanagement und Recycling (B. A.)***

**Sonstige Beratungsangebote:**
- Freiwilliges Soziales Jahr*/**/***

Praktika: ja
Jobs für Studierende: ja

Du bist auf der Suche nach einem Ausbildungs- oder Studienplatz und kannst dir nicht so richtig vorstellen, was am öffentlichen Dienst cool und abwechslungsreich sein soll? Du stellst dir das Arbeiten in einem Landratsamt als reine Büroarbeit vor? Dann wirst du sehr überrascht sein, wie unterschiedlich die Aufgaben im Landratsamt Karlsruhe sind und welche vielfältigen Qualifikationen hierfür erforderlich sind. Ein Studium oder eine Ausbildung bei uns bieten daher großartige Chancen und Perspektiven. Wer bei uns eine Ausbildung macht, hat Einblicke in viele verschiedene Bereiche – Langeweile kann hier nicht aufkommen! Wofür interessierst du dich? Bist du ein guter Zuhörer? Willst du anderen Menschen helfen und sie unterstützen, hast du Spaß am Umgang mit Zahlen? Bist du kreativ und kannst gut organisieren? Bist du eher der handwerklich, praktisch begabte Typ und gerne draußen an der frischen Luft? Interessierst du dich für das Klima und unsere Umwelt? Dann bewirb dich bei uns und werde Teil eines tollen Azubiteams!

**Hier geht es zum Bewerberportal**

L-BANK
Staatsbank für Baden-Württemberg

# Die Zukunft unseres Landes mitgestalten

**Landeskreditbank Baden-Württemberg - Förderbank - (L-Bank)**
Schlossplatz 12
76131 Karlsruhe

Tel.: 0721 1501684

Ansprechpartnerin: Karin Baranowski
E-Mail: karin.baranowski@l-bank.de

Beschäftigte: rund 1.500
Auszubildende: 45

**Ausbildung (m/w/d):**

- Fachinformatik Systemintegration**/***

**Duales Studium:**

- BWL Bank (B. A.)***
- Wirtschaftsinformatik (B. Sc.)***
- Informatik (B. Sc.)***

| | |
|---|---|
| Praktika: | ja |
| Jobs für Studierende: | ja |
| Bachelor-/Masterarbeiten: | ja |

Du möchtest einen abwechslungsreichen Job mit Zukunft? Theorie mit Praxis verbinden? Viel bewegen? Finanziell unabhängig sein? Unser Land und seine Menschen fördern? Dich selbst immer weiterentwickeln? Dann ist die L-Bank, die Förderbank Baden-Württembergs, eine der aussichtsreichsten Entscheidungen, die du treffen kannst.

Während der Ausbildung erhältst du Einblick in zahlreiche Bereiche. Dabei unterstützt du uns sowohl im Tagesgeschäft als auch bei interessanten Projekten. Daneben besuchst du verschiedene Seminare, durch die du deine persönlichen Kompetenzen entscheidend weiterentwickeln kannst. Unter anderem nimmst du gemeinsam mit deinem Jahrgang an einem Teambuilding-Event teil. Auch wirst du im Rahmen unseres Präsentationstrainings lernen, wie du künftig sicher und erfolgreich präsentierst. Nach der Ausbildung ist unser Ziel, alle Auszubildenden und dual Studierenden zu übernehmen. Bereits ein Jahr vor Abschluss finden die Zukunftsgespräche statt.

**Infos für Bewerber / Link zu unseren Jobs:**

# Bei uns kommst Du voran!

**Lidl Dienstleistung GmbH & Co. KG**
74206 Bad Wimpfen

Tel.: 07063 - 9316286
jobs.lidl.de
E-Mail: bewerbung@lidl.de

Beschäftigte: rund 376.000 weltweit

**Ausbildung (m/w/d):**
- Fachkraft für Lagerlogistik**/***
- Fachlagerist*/**
- Kaufmann im Einzelhandel**/***
- Verkäufer*/**

**Duales Studium:**
- Handel (B. A.)***
- Logistik (B. A)***

**Sonstige Angebote:**
- Abiturientenprogramm Vertrieb oder Logistik***
- Abiturientenprogramm Vertrieb inkl. Handelsfachwirt/in*** (ab August 2025)
- Abiturientenprogramm Logistik inkl. Logistikmeister/in*** (ab August 2025)

| | |
|---|---|
| Praktika: | ja |
| Jobs für Studierende: | ja |
| Bachelor-/Masterarbeiten: | ja |

Lidl ist eines der führenden Unternehmen im Lebensmitteleinzelhandel und betreibt weltweit über 12.200 Filialen in derzeit 32 Ländern.

Mit der Sicherstellung der Versorgung unserer Kunden zeigen wir: Auf Lidl ist Verlass. Dafür arbeiten in Deutschland jeden Tag rund 100.000 Mitarbeiter mit viel Leidenschaft daran, das Gute noch besser zu machen – in der Lidl Dienstleistung in Bad Wimpfen, in unseren 39 Regionen und Logistikzentren sowie unseren deutschlandweit rund 3.250 Filialen.

Du hast deinen Abschluss in der Tasche oder stehst kurz davor? Dann stehen dir bei Lidl alle Türen offen und du kannst entscheiden, in welche Richtung es für dich gehen soll.

Denn bei uns warten spannende Möglichkeiten in den unterschiedlichsten Bereichen auf dich. Was könnte das Richtige für dich sein: Ausbildung, Abiprogramm oder duales Studium?

**Hier geht es zur Website:**

L'ORÉAL
OPERATIONS

# Create the beauty that moves the world

**L'ORÉAL Deutschland GmbH**
Logistikzentrum Muggensturm
Draisstraße 30
74641 Muggensturm

Ansprechpartnerin: Michaela Schlaiss
E-Mail: michaela.schlaiss@loreal.com

© L'ORÉAL Deutschland GmbH

Beschäftigte: 500
Auszubildende: 15
Dual Studierende: 15

**Ausbildung (m/w/d):**
- Chemikant/in**/***
- Fachinformatiker/in für Daten- und Prozessanalyse**/***
- Fachkraft für Lagerlogistik*/**/***
- Fachlagerist/in*/**/***
- Kaufmann/-frau für
  - Büromanagement*/**/***
  - Groß- u. Außenhandelsmanagement*/**/***
- Maschinen- und Anlagenführer/in*/**/***
- Mechatroniker/in**/***

**Duales Studium:**
- BWL
  - Industrial Management***
  - Transport und Logistik***
- Sustainable Science and Technology, Arbeitssicherheit***
- Wirtschaftsinformatik international***

Jobs für Studierende: ja

Du wolltest schon immer wissen, wie die Kosmetikprodukte ins Regal kommen? Dann bist Du bei L'ORÉAL Operations mit Produktion in Karlsruhe und dem weltweit größten Logistikzentrum in Muggensturm genau richtig!

Wir zeigen Dir praxisnah, wieso wir Marktführer in Beauty and Pionier im Bereich Beauty Tech sind.

Erfahre wie L'Oréal sich für nachhaltige Produkte und soziale Verantwortung einsetzt und hilf uns, mit deiner Arbeit einen Unterschied zu bewirken.

Create the beauty that moves the world.

© L'ORÉAL Deutschland GmbH

**Hier geht es zur Karriereseite**

# Starte erfolgreich ins Berufsleben als AZUBI bei NORMA

**NORMA Lebensmittelfilialbetrieb Stiftung & Co. KG**
Daimlerstrasse 10 · 72184 Eutingen im Gäu

www.norma-online.de

Ansprechpartner:
Herr Domin (Heilbronn und Karlsruhe)
E-Mail: b.domin@norma-online.de
Tel.: 0172 5489522

Herr Weirich (Freiburg)
E-Mail: m.weirich@norma-online.de
Tel.: 0172 5489544

**Ausbildung (m/w/d):**
- Kaufmann/-frau im Lebensmittelhandel**/***
- Verkäufer/in*/**

Gehälter:
1. Lehrjahr 1.300 €, 2. Lehrjahr 1.400 €, 3. Lehrjahr 1.500 €

**Abiturientenprogramm (m/w/d):**
- Handelsfachwirt/in***

**Duales Studium:**
- BWL Studienrichtung Handel (B. A.)***
- IT (B. Sc.)***

Gehälter:
1. Lehrjahr 1.700 €, 2. Lehrjahr 1.800 €, 3. Lehrjahr 2.000 €

Praktika: ja
Jobs für Studierende: ja
Bachelor-/Masterarbeiten: ja

Wir tragen mit unseren rund 15.000 engagierten Kolleginnen und Kollegen jeden Tag zum Unternehmenserfolg bei und gehören seit über 50 Jahren zu den führenden deutschen Handelsunternehmen im Lebensmittel-Discountbereich. Was zeichnet uns aus? Wir sind ein regionaler und krisensicherer Arbeitgeber mit Sitz in Fürth. Jährlich steigen mit uns rund 1.200 junge Menschen als Auszubildende, duale Studenten oder Handelsfachwirte ins Berufsleben ein. Ob in unserer Logistik, Verwaltung oder Filiale – bei uns bist Du ein bedeutendes Teammitglied! Klingt das interessant für Dich? Wir freuen uns auf Dich und Deine Bewerbung!

Wir bieten:
- einen krisensicheren Arbeitsplatz,
- Übernahmegarantie bei gleichbleibend guter Leistung,
- überdurchschnittliche Ausbildungsvergütung,
- 6 Wochen Urlaub,
- Urlaubs- und Weihnachtsgeld,
- regelmäßigen Austausch mit anderen Auszubildenden,
- Azubi-Events,
- Prüfungsvorbereitung und interne Schulungen,
- Weiterbildungsmöglichkeiten.

# PI

## #MachdasUnmöglichemöglich

**Physik Instrumente (PI) SE & Co. KG**
Auf der Römerstraße 1 · 76228 Karlsruhe

Tel.: 0721 4846-0
www.physikinstrumente.de/de

Ansprechpartnerin: Sarah Hurst
E-Mail: jobs@pi.de

© Physik Instrumente (PI) SE & Co. KG

Beschäftigte: 1.800
Auszubildende: 41
Dual Studierende: 10

**Ausbildung (m/w/d):**

- Fachinformatiker/in**/***
- Industriekaufmann/-frau**/***
- Mechatroniker/in**/***

**Duales Studium:**

- Elektro- & Informationstechnik (B. Eng.)***
- Informatik/Informationstechnik (B. Sc.)***
- Mechatronik (B. Eng.)***

Praktika: ja
Jobs für Studierende: ja
Bachelor-/Masterarbeiten: ja

PI beschäftigt sich weltweit führend mit Bewegungen und Positionierungen im Nanometerbereich. 90 Prozent der globalen Innovationsführer der Hightechindustrie nutzen Komponenten und Lösungen von PI.

Auf dem Markt der Mikroskopie und Biowissenschaften sorgen unsere Produkte für die notwendige Präzision bei der Gensequenzierung und der Identifizierung von Krankheitserregern. Bei Millionen von Augenoperationen kommt PI Technik zum Einsatz und die weltweit ersten Bilder eines Schwarzen Lochs und neuer Galaxien wurden durch PI Technik ermöglicht. Das PI Produktportfolio umfasst miniaturisierte Piezoelemente und komplexe Positioniersysteme auf Basis von Piezo-, Elektro- und Magnetmotoren. Darüber hinaus bietet PI die Hard- und Software für hochpräzise Motion-Control-Aufgaben.

Hier wird Zukunft gedacht. Gemacht. Und gelebt. Hier denken wir nicht nur an die Zukunft und bauen aktiv an der Zukunft – wir begleiten auch unsere jungen Talente engagiert in der Ausbildung in eine erfolgreiche Zukunft. Uns bei PI macht es Spaß, junge Menschen, mit unserer Begeisterung für Innovation und Technologien mit Leidenschaft und Expertise anzustecken. Denn nichts hat mehr Power als echte Begeisterung und eigene Visionen. Die beiden sind der Treibstoff für die Innovation, für die PI steht – und nur so können wir gemeinsam die Grenzen des Möglichen verschieben, da Technologie, Entwicklung und Forschung in unserer DNA steckt.

POLIZEI
BADEN-WÜRTTEMBERG
POLIZEIPRÄSIDIUM KARLSRUHE

# DU VERDIENST EIN WIR


**Polizeipräsidium Karlsruhe**
Einstellungsberatung
Durlacher Allee 31 - 33
76131 Karlsruhe

Tel.: 0721 666 1 666
www.karriere-polizei-bw.de

Ansprechpartner/in:
Jürgen Schöfer, Dennis Bollinger,
Conny Petermann
E-Mail: karlsruhe.berufsinfo@polizei.bwl.de


Du möchtest „echte" Polizeiluft schnuppern? Dann mach ein **Praktikum** bei uns und lass dich von der Vielfalt unseres Berufs begeistern. Mehr Infos unter:
**www.polizei-karlsruhe.de/berufsinfo**

Beschäftigte: 35.000
Auszubildende: 1.200 Ausbildungs- und Studienplätze

**Ausbildung (m/w/d):**

- Mittlerer Polizeivollzugsdienst
  Polizeiobermeisteranwärter/in
  *(Mittlerer Bildungsabschluss oder höherer Bildungsabschluss)*

**Duales Studium (m/w/d):**

- Gehobener Polizeivollzugsdienst
  Polizeioberkommissaranwärter/in
  *(Abitur, Fachhochschulreife oder gleichwertiger Bildungsabschluss)*

| | |
|---|---|
| Praktika: | ja |
| Jobs für Studierende: | nein |
| Bachelor-/Masterarbeiten: | ja |

**Hier geht es zur Karriereseite**

Als Polizei liegt das WIR in unserer DNA. Wir können uns in jeder Situation aufeinander verlassen – und arbeiten tagtäglich gemeinsam daran, die Sicherheit und das Recht aller zu gewährleisten. Das Fundament dieser starken Gemeinschaft bilden Talente mit ihren persönlichen Fähigkeiten und ihrer Motivation. So entsteht ein einzigartiges Umfeld für die persönliche Entwicklung: vielseitig, geprägt von gelebter WIR-Mentalität und mit einem echten Mehrwert für die ganze Gesellschaft.

Streifendienst oder Kriminalpolizei, Einsatzeinheit oder Wasserschutzpolizei, Verkehrspolizei oder Spezialeinheit: Alle sind Teil von unserem WIR. Mit einer Ausbildung oder einem Studium stehen Dir viele Verwendungsmöglichkeiten offen.

**PRÄSIDIUM** Technik, Logistik, Service der Polizei

# Der Full-Service-Dienstleister der Polizei Baden-Württemberg


**Präsidium Technik, Logistik, Service der Polizei**
Nauheimer Straße 101
70372 Stuttgart

Tel.: 0711 2302-1407
www.ptlspol-recruiting.de

Ansprechpartnerin: Andrea Käser
E-Mail: ptls.hr@polizei.bwl.de

Beschäftigte: 1.000
Auszubildende: 35
Dual Studierende: 20

**Ausbildung (m/w/d):**

- Kfz-Mechatroniker/in*/**/***
- Tischler/in*/**/***

**Duales Studium:**

- BWL – Digital Business Management (B. A. )***
- Digitales Verwaltungsmanagement (B. A. )***
- Informatik (B. Sc.)***
- Wirtschaftsinformatik (B. Sc.)***

Praktika: ja
Jobs für Studierende: ja
Bachelor-/Masterarbeiten: nein

Das Präsidium Technik, Logistik, Service der Polizei ist die zentrale Dienstleistungs- und Serviceeinrichtung mit landesweiten Aufgaben für die Polizei Baden-Württemberg. Als Dienstleister für die Polizei bedienen wir die vielfältigen Themengebiete, die es braucht, um alle Polizeipräsidien in Baden-Württemberg vollumfänglich zu unterstützen. Unser Aufgabenspektrum umfasst die Abteilungen Zentrale Dienste, Informationstechnik, Kommunikationstechnik, Einsatztechnik, den Polizeiärztlichen Dienst, das Landespolizeiorchester Baden-Württemberg, die Informationssicherheit sowie die Zentrale Zeitwirtschaft.

Ob Polizeivollzugsbeamte, Verwaltungsbeamte und -fachangestellte, Juristen, Mechatroniker, Ärzte, Musiker, Informatiker, Social-Media-Manager und viele mehr – in unserem täglichen Doing vereinen wir die unterschiedlichsten Berufszweige. Werde auch du Teil unseres Teams und unterstütze mit deiner Bewerbung die Weiterentwicklung der Polizei Baden-Württemberg!

Hier geht es zur Onlinedarstellung

**Unternehmensgruppe Dr. Willmar Schwabe**
From Nature. For Health.

# Deine Natur.
# Deine Zukunft.
# Deine Ausbildung.

**Unternehmensgruppe**
**Dr. Willmar Schwabe**
Willmar-Schwabe-Straße 4
76227 Karlsruhe

Tel.: 0721 4005-9652
www.schwabe-group.com/karriere

Ansprechpartner: Simon Ritzler
E-Mail: ausbildung@schwabe.de

Bewerbungen können über das Bewerberportal auf **www.schwabe-group.com/karriere** oder per E-Mail an **ausbildung@schwabe.de** eingereicht werden.

© Dr. Willmar Schwabe

Beschäftigte: 1.600
Auszubildende: 50

**Ausbildung (m/w/d):**
- Chemielaborant/in**/***
- Fachkraft für Lagerlogistik*/**/***
- Industriekaufmann/-frau***
- Industriekaufmann/-frau mit Zusatzqualifikation Internationales Marketing***
- Pharmakant/in*/**/***

**Duales Studium:**
- BWL Industrie (B. A.)***

| | |
|---|---|
| Praktika: | ja |
| Jobs für Studierende: | nein |
| Bachelor-/Masterarbeiten: | nein |

Werde Teil einer Erfolgsgeschichte! Seit über 150 Jahren entwickeln, produzieren und vermarkten wir pflanzliche Arzneimittel. Allein in Deutschland arbeiten in den Unternehmen der Schwabe-Gruppe ca. 1.600 Kollegen. Damit stehen wir nicht nur für natürliche Gesundheit, sondern auch für vielfältige Ausbildungs- und Karrierechancen. Tüftlerin oder Anpacker, Zahlenmensch oder Kommunikationstalent?

Ob Chemielaborant oder Pharmakant, Industriekaufmann oder Fachkraft für Lagerlogistik: Mit unserem Ausbildungsangebot bereiten wir dich praxisnah auf Berufe mit Zukunft vor. Du möchtest neben deiner Tätigkeit im Betrieb zusätzlich Hochschulluft schnuppern?

Dann ist ein duales Studium vielleicht genau das Richtige für dich. Unsere Ausbildenden legen sich für dich voll ins Zeug und unterstützen dich bei deinem Weg ins Berufsleben nach Kräften; unter anderem in unserem eigenen Lehrlabor. Für unser Ausbildungsengagement wurden wir 2023 sogar ausgezeichnet.

**Hier geht es zur Onlinedarstellung**

# SIEMENS Alles mit Zukunft!



**Siemens AG**
Siemens Professional Education
Siemensallee 75 · 76187 Karlsruhe

Ansprechpartner: Pascal Neukum
E-Mail: pascal.neukum@siemens.com

Online-Bewerbungen über:
ausbildung.siemens.com

Recruiting Team · Tel.: 0800 2663287
E-Mail: online.ausbildung.spe@siemens.com

Weitere Informationen:
Instagram: siemens_ausbildung

**Ausbildung (w/m/d):**
- Elektroniker für Geräte und Systeme**/***
- Fachinformatiker für Anwendungsentwicklung**/***
- Fachkraft für Lagerlogistik**/***
- Mechatroniker**/***

**Duales Studium (w/m/d) an der DHBW:**
- Data Science und Künstliche Intelligenz (B. Sc.)***
- Elektrotechnik und Informationstechnik (B. Eng.)***
- Informatik (B. Sc.)***
- Sustainable Science and Technology (B. Sc.)***

| | |
|---|---|
| Praktika: | ja |
| Jobs für Studierende: | ja |
| Bachelor-/Masterarbeiten: | ja |

Für uns sind alle Kulturen gleichwertig, genauso wie alle Geschlechter, sexuellen Identitäten und Kolleginnen und Kollegen mit Schwerbehinderung/en.

Die Schule ist vorbei. Und jetzt? Vielleicht irgendwas mit Mathe? Irgendwas mit Technik? Und am besten irgendwas mit Nachhaltigkeit, oder? Auf jeden Fall etwas mit Zukunft! Egal, wofür du dich entscheidest, bei Siemens machst du: Alles mit Zukunft. Die Siemens AG entwickelt unter anderem moderne Antriebs- und Automatisierungslösungen, clevere Gebäudeautomatisierungen und Smart Grids. Wir zählen zu den Top-10-Softwareunternehmen weltweit!

**Willkommen bei SIEYA!**
Ob in der Bahn, am Strand, im Café oder zu Hause auf dem Sofa – in der SIEYA Web-App findest du viele Informationen, Event-Ankündigungen, News, Quizze, Gaming, Gesundheit und vieles mehr rund um die Themen Ausbildung und duales Studium bei Siemens. Klingt gut? Dann check SIEYA: www.sieya.de

Wir legen großen Wert auf die Inklusion von Menschen mit Behinderungen. Für uns zählt das Potenzial, das du mitbringst!

**Bewirb dich hier!**

# SIEMENS energy

# LET'S MAKE TOMORROW DIFFERENT TODAY!

**Siemens Energy Global GmbH & Co. KG**
Siemensallee 84
76187 Karlsruhe

www.siemens-energy.com

Ansprechpartnerin: Sabrina Wurm
E-Mail: sabrina.wurm@siemens-energy.com

Kein Anschreiben, kein Online-Test.
Bewirb dich mit wenigen Klicks unter:
**www.siemens-energy.com/ausbildung**

Beschäftigte: ca. 98.000 weltweit

**Duales Studium:**
- Digital Business Management (B. A.) (DHBW)***
- Elektrotechnik (B. Eng.) (DHBW)***
- Informatik (B. Sc.) (DHBW)***

Bereit, bei der Energiewende mit anzupacken? Die Energiewende voranbringen und dabei selbst vorankommen.

Jeden Tag arbeiten wir an der Transformation der Energiewirtschaft. Schritt für Schritt geht es voran. Bist du bereit, den Weg mitzugehen?

**Wir feiern deine Leidenschaft** – egal, ob kaufmännisch, technisch oder im IT-Bereich.

**Werde Teil eines Dream-Teams und**
- gestalte mit uns aktiv die Energie der Zukunft,
- lerne mit den neuesten Methoden und innovativen Konzepten,
- freue dich über eine attraktive Vergütung und Aktienprogramme,
- erhalte zu Beginn deiner Ausbildung ein Tablet von uns und
- erlebe starken Zusammenhalt untereinander.

#edu4energy

**www.siemens-energy.com/ausbildung**

# Leidenschaft fürs Leben

**SRH Klinikum**
**Karlsbad-Langensteinbach GmbH**
Guttmannstraße 1 · 76307 Karlsbad

Tel.: 07202 61-0
www.klinikum-karlsbad.de
www.srh-karriere.de

Ansprechpartnerin:
Kathrin Freitag
sekretariat.berufsfachschule.kkl@srh.de

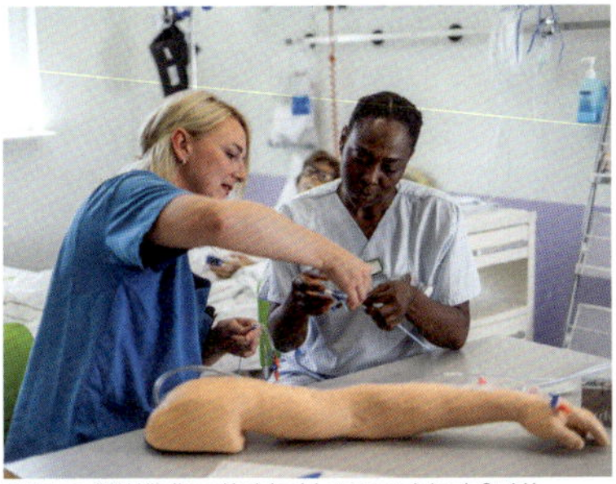

© Fotos: SRH Klinikum Karlsbad-Langensteinbach GmbH

Beschäftigte: 1.250
Auszubildende: 120
Dual Studierende: 4

**Ausbildung (m/w/d):**

- Anästhesietechnische/r Assistent/in**/***
- Gesundheits- und Krankenpflegehelfer/in*/**
- Kauffrau/-mann für Büromanagement**/***
- Medizinische/r Fachangestellte/r**/***
- Operationstechnische/r Assistent/in**/***
- Pflegefachfrau/-mann**/***

**Duales Studium:**

- Angewandte Gesundheits- und Pflegewissenschaften (B. A.)***

Praktika: ja
Jobs für Studierende: ja
Bachelor-/Masterarbeiten: ja

Wir sind ein international anerkanntes Fachkrankenhaus und wichtiger Akutversorger im Landkreis Karlsruhe. Mit modernster Medizin, umfassender Pflege und individueller Therapie behandeln wir jährlich mehr als 30.000 gesetzlich und privat versicherte Patient:innen in oft lebensverändernden Situationen.

Damit unsere Patient:innen genau die Therapie bekommen, die für sie am besten ist, investieren wir in unsere Mitarbeitenden, in eine effektive Infrastruktur und innovative Medizintechnik. Außerdem haben wir uns spezialisiert: Der fachübergreifende Behandlungsansatz und unser tiefgehendes Verständnis in den medizinischen Fachgebieten Muskeln und Skelett, Herz und Gefäße, Nervensystem sowie Psyche ermöglichen es uns, bestimmte Krankheitsbilder besser, sicherer und gezielter zu behandeln.

Wir sind Teil der SRH, eines Stiftungsunternehmens mit wegweisenden Angeboten in den Bereichen Bildung und Gesundheit.

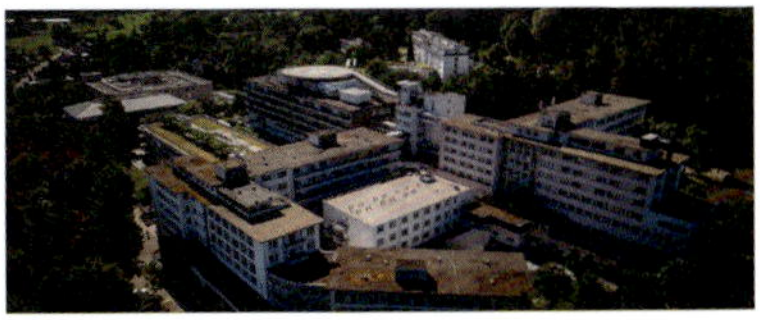

# Du + Stadt Karlsruhe = Match!

**Stadt Karlsruhe**
Karl-Friedrich-Straße 10
76133 Karlsruhe

E-Mail: ausbildung@poa.karlsruhe.de
www.karlsruhe.de/ausbildung

Ansprechpartnerin: Sandra Hertweck
Tel.: 0721 133-1889

Beschäftigte: 7.000
Auszubildende: 300

**Ausbildung (m/w/d):**
- Bestattungsfachkraft**/***
- Elektroniker/in*/**/***
- Erzieher/in (praxisintegriert)**/***
- Fachangestellte/r für Bäderbetriebe*/**/***
- Fachangestellte/r für Medien- und Informationsdienste*/**/***
- Feinwerkmechaniker/in*/**/***
- Forstwirt/in*/**/***
- Gärtner/in*/**/***
- Geomatiker/in**/***
- Jugend- und Heimerzieher/in**/***
- Kfz-Mechatroniker/in*/**/***
- Straßenbauer/in*/**/***
- Tierpfleger/in*/**/***
- Umwelttechnologe/-in*/**/***
- Verwaltungsfachangestellte/r**/***
- Verwaltungswirt/in**/***

**Duales Studium:**
- Digitales Verwaltungsmanagement (B. A.)***
- Public Management (B. A.)***
- Soziale Arbeit (B. A.)***

Praktika: ja
Jobs für Studierende: ja
Bachelor-/Masterarbeiten: ja

Als eine der größten Arbeitgeberinnen in der Region bietet dir die Stadt Karlsruhe vielfältige Möglichkeiten für deinen individuellen Karrierestart. Mit über 30 verschiedenen Ausbildungsberufen und Studiengängen stehen dir unterschiedlichste Zukunftswege in den Bereichen Verwaltung, Handwerk, Technik, Soziales, Natur und Umwelt offen. Alle haben hier die Chance, das Leben in dieser liebenswerten Stadt aktiv mitzugestalten und damit gleichzeitig etwas zu bewirken und zu bewegen. Darüber hinaus profitierst du von einer sicheren Perspektive mit Einsatzmöglichkeiten, die so bunt sind wie Karlsruhe selbst.

Gemeinsam stark: Jedes Jahr starten rund 100 Auszubildende und Studierende zusammen in ihr Berufsleben. Stets an ihrer Seite: Das zentrale Ausbildungsteam der Stadt sowie viele engagierte Ausbilderinnen, Ausbilder und Ausbildungsbeauftragte.

**#DeinKarrierestartunsereHerzenssache**

© Stadt Karlsruhe

TRANSNET BW

# Komplexe Technik einfach anpacken? Du kannst das.



**TransnetBW GmbH**
Osloer Straße 15 – 17
70173 Stuttgart

Tel.: 0711 21858-3606
www.transnetbw.de/ausbildung

Ansprechpartnerin: Nicole Reichmann
E-Mail: ausbildung@transnetbw.de

Ausbildungsstandorte:
Neckarwestheim, Bruchsal, Eichstetten, Goldshöfe, Hechingen, Stuttgart und Wendlingen

Beschäftigte: ca. 1.600
Auszubildende: 31
Dual Studierende: 18

**Ausbildung:**
- Elektroniker (m/w/d)
  - Betriebstechnik*/**/***
- Fachinformatiker (m/w/d)
  - Anwendungsentwicklung**/***
  - Daten- und Prozessanalyse**/***
  - Digitale Vernetzung**/***
  - Systemintegration**/***
- Kaufleute (m/w/d)
  - IT-Systemmanagement**/***

**Duales Studium:**
- BWL
  - Digital Business Management (B. A.)***
- Elektrotechnik
  - Energie- und Umwelttechnik (B. Eng.)***
- Elektrotechnik und Informationstechnik (B. Eng.)***
- Informatik mit Studienrichtung (B. Sc.)***

Um unser Klima zu retten, müssen wir die Energiewende vorantreiben. Und dafür, dass grüner Strom durch unser Stromnetz fließen kann, sorgen wir bei TransnetBW. Denn wir machen das Hochspannungsnetz in Baden-Württemberg fit für die Zukunft. Dieses Hochspannungsnetz ist so was wie die Stromautobahn in unserem Energiesystem, über das wir z. B. den Strom aus Windkraft im Norden zu den Verbrauchern im Süden Deutschlands transportieren. Alles auf Höchstspannungsebene mit bis zu 380 kV – das ist rund 1.000 Mal mehr Spannung, als an einer haushaltsüblichen Steckdose anliegt.

Somit ist unser Netz maßgeblich dafür verantwortlich, dass erneuerbare Energien genutzt und der Klimawandel bekämpft werden kann. Sichere gemeinsam mit deinen Kolleginnen und Kollegen die Stromversorgung von 11 Millionen Menschen.

Starte jetzt in eine Ausbildung oder ein duales Studium mit Zukunft! In einem Job, der wirklich zählt. Wir freuen uns auf dich.

Hier geht es zur Onlinedarstellung

# Dienstleister für Versicherungsmakler

**VEMA Versicherungsmakler Genossenschaft eG**
Johann-Georg-Schlosser-Straße 16
76149 Karlsruhe

Tel.: 0721 915003-35
Mobil: 0152 26429656
https://karriere.vema-eg.de/

Ansprechpartner: Daniel Heller (Ausbildung)
E-Mail: daniel.heller@vema-eg.de

© VEMA Versicherungsmakler Genossenschaft eG

Beschäftigte: 279
Auszubildende: 23
Dual Studierende: 1

**Ausbildung (m/w/d):**

- Kaufmann/-frau
  - Büromanagement**/***
  - Versicherungen und Finanzanlagen**/***

**Duales Studium:**

- VEMA DUAL+ (B. A.)***

Praktika: ja
Jobs für Studierende: ja
Bachelor-/Masterarbeiten: ja

VEMA ...

Viele denken sich vielleicht, Häää ... VEMA ... habe ich noch nie gehört ...

Wir sind VEMA und rocken seit 1997 aus Heinersreuth und Karlsruhe die b2b Plattform für Versicherungsmakler. Für über 4.700 Partnerbetriebe bieten wir top Konditionen, innovative, digitale und revolutionäre Lösungen. Bei uns herrscht ein mega Teamspirit mit 278 tollen Menschen und einer offenen, unterstützenden Atmosphäre, bei der sich jeder willkommen fühlt.

Familiärer Zusammenhalt ist durch Gemeinsamkeit, Kollegialität und Verbundenheit geprägt. Unsere Hilfsbereitschaft zeichnet sich durch Wissensweitergabe, Unterstützung und Zusammenhalt aus. Ausschlaggebend für unsere Innovation sind Wertschätzung und Aufgeschlossenheit. Auch das Thema Work-Live-Balance, Homeoffice und flexible Arbeitszeiten sind wichtige Indikatoren.

**Hier geht es zur Onlinedarstellung:**

VBL

# VBL.
# Die Altersvorsorge für den öffentlichen Dienst



**Versorgungsanstalt des Bundes und der Länder (VBL)**
Hans-Thoma-Straße 19 · 76133 Karlsruhe

www.vbl.de

Ansprechpartnerin: Chiara Sciarabba
Tel.: 0721 155-983
E-Mail: chiara.sciarabba@vbl.de

**Duales Studium:**
- BWL – Versicherung**/***
- Data Science und Künstliche Intelligenz**/***
- Wirtschaftsinformatik
  - Sales & Consulting**/***
  - Software Engineering**/***

**Rahmenbedingungen Duales Studium:**

Studienpartner: DHBW, Karlsruhe

Studienbeginn: 1. Oktober

Studiendauer: 6 Semester (3 Jahre)

| | |
|---|---|
| Praktika: | ja |
| Jobs für Studierende: | ja |
| Bachelor-/Masterarbeiten: | nein |

**Hier geht es zur Onlinedarstellung.**

Die Versorgungsanstalt des Bundes und der Länder (VBL) mit Sitz in Karlsruhe ist die größte deutsche Zusatzversorgungskasse für Beschäftigte im öffentlichen Dienst. Unser Zweck ist es, den Beschäftigten der beteiligten Arbeitgeber eine zusätzliche Alters-, Erwerbsminderungs- und Hinterbliebenenversorgung zu gewähren. Das ermöglichen wir im Rahmen einer privatrechtlichen Versicherung.

Wir legen Wert auf ein gut strukturiertes und organisiertes duales Studium. Um eine optimale Betreuung zu gewährleisten, stehen Ihnen unsere aufgeschlossenen Kolleg*innen sowie unser erfahrenes Ausbilderteam zur Seite.

**Unsere Pluspunkte**
- hoher Praxisbezug,
- gute Übernahmechancen,
- individuelle Betreuung durch Paten,
- fachliche Unterstützung bei Projekt- und Bachelorarbeiten,
- vielfältige Entwicklungs- und Fortbildungsmöglichkeiten.

**Unsere Zusatzleistungen**
- attraktive Vergütung,
- 30 Urlaubstage pro Jahr,
- flexible Arbeitszeitgestaltung ohne Kernarbeitszeit sowie Homeoffice,
- Übernahme der Studiengebühren,
- Betriebliche Altersversorgung.

Volksbank pur
persönlich und regional

# Volksbank pur – persönlich und regional


**Volksbank pur eG**
Ludwig-Erhard-Allee 1
76131 Karlsruhe

www.volksbank-pur.de

Ansprechpartner:
Maximilian Zink
E-Mail: maximilian.zink@vbpur.de
Tel.: 0721 9350-81157

René Gundermann (Ausbildung)
E-Mail: rene.gundermann@vbpur.de
Tel.: 0721 9350-80213


| | |
|---|---|
| Beschäftigte: | 1.400 |
| Auszubildende: | 103 |
| Dual Studierende: | 10 |

**Ausbildung (m/w/d):**
- Bankkaufmann/-frau**/***
  - Zusatzqualifikation Kaufmann/-frau für IT-Systemmanagement**/***
- Immobilienassistent/in***
- Privates Vermögensmanagement***

**Duales Studium:**
- BWL- Bank (B. A.)***

| | |
|---|---|
| Praktika: | ja |
| Jobs für Studierende: | nein |
| Bachelor-/Masterarbeiten: | nein |

Mit dem Zusammenschluss der Volksbank Karlsruhe Baden-Baden, der Volksbank Pforzheim und der VR Bank Enz plus entstand 2022 eine der kunden- und mitgliederstärksten Volksbanken im süddeutschen Raum.

Doch einfach war die Namensfindung für das gemeinsame Haus nicht. Doch am Ende waren sich alle einig: Es wird die Volksbank pur. Das Wort „pur" steht für persönlich und regional.

Es ist mehr als ein Name, es ist ein Versprechen – und ein starkes Bekenntnis zu den Werten, den Wurzeln und der Identität der Bank: die pure Ausrichtung am Bedarf der Kundinnen, Kunden und Mitglieder sowie die Verbundenheit mit den Menschen und Unternehmen in der Region.

© Volksbank pur eG

# Hier wird Zukunft gebaut

**weisenburger bau GmbH**
Ludwig-Erhard-Allee 21 · 76131 Karlsruhe

Tel.: 0721 61935-0
www.weisenburger.de

Ansprechpartnerin: Patricia Damps
E-Mail: bewerbungen@weisenburger.de

**Karriereseite:**
www.weisenburger.de/karriere

Beschäftigte: 650
Auszubildende: 41

**Ausbildung (m/w/d):**
- Bauzeichner/in
  - Architektur**/***
- Fachinformatiker/in
  - Systemintegration**/***
- Industriekaufmann/-frau**/***
- Technische/r Systemplaner/in
  - Versorgungs- und Ausrüstungstechnik**/***

**Duales Studium:**
- Bauingenieurwesen / Projektmanagement (Vertiefung Hochbau)***
- Informatik***
- Projektmanagement IT (Wirtschaftsinformatik)***

Praktika: ja
Jobs für Studierende: ja
Bachelor-/Masterarbeiten: ja

Als Baufirma 1955 gegründet, umfasst die weisenburger-Gruppe leistungsstarke Unternehmen, die die komplette Wertschöpfungskette der Bau- und Immobilienbranche abdecken. Mit mehr als 650 Mitarbeitenden wird eine Gesamtleistung von 500 Mio. € erreicht. Vom Reihenhaus über den Wohnungsbau bis hin zum Hotelbau: weisenburger verfolgt das Ziel, die treibende Kraft für bezahlbares Bauen in Deutschland zu sein. Berufseinsteiger (m/w/d) können in der weisenburger-Gruppe zwischen unterschiedlichen Studiengängen, Ausbildungsberufen und Praktika wählen. Besonders für die Baubranche hält die Digitalisierung neue Chancen bereit – weisenburger nimmt diese Herausforderung an und begegnet ihr mit einem eigenen Entwicklerteam.

**Arbeitgeber mit Benefits**
Ausgezeichnet von Focus als TOP Arbeitgeber Mittelstand 2023 gehört das familiengeführte Unternehmen zu Deutschlands besten Ausbildungsbetrieben. Benefits wie das hauseigene Fitnessstudio und ein eigener Dienstwagen für die dual Studierenden (Studiengang Bauing. PM) stechen in der Branche besonders hervor.

Mehr Informationen unter **weisenburger.de/karriere-bei-weisenburger.de**

# WILLKOMMEN IN DEINEM NEUEN ZUHAUSE

**XXXLutz Karlsruhe**
Durlacher Allee 109
76137 Karlsruhe

Ansprechpartnerin: Verena Dittus
E-Mail: azubi.kr@xxxlutz.de

Karriereportal:
**karriere.xxxlutz.de/ausbildung/ausbildung-bei-xxxl**

| | |
|---|---|
| Beschäftigte: | gesamt ca. 22.000, in Deutschland ca. 12.000 |
| Auszubildende: | ca. 1.000 |

**Ausbildung (m/w/d):**
- Kaufmann
  - Büromanagement**/***
  - Einzelhandel**/***
- Raumausstatter*/**/***
- Fachkraft
  - Systemgastronomie*/**/***
  - Lagerlogistik*/**/***
  - Möbel-, Küchen- und Umzugsservice*/**/***
- Koch*/**/***

**Abiturientenprogramm (m/w/d):**
- Handelsfachwirt***

„Du stehst vor deinem Abschluss und weißt noch nicht, was danach kommt? Ob Ausbildung, Abiturientenprogramm zum Handelsfachwirt oder ein Praktikum – hier findest du deinen Platz in einem von neun Ausbildungsberufen in Karlsruhe, egal mit welcher schulischen Voraussetzung.

Während meiner Ausbildung unterstützen mich meine Ausbilder jederzeit. Dank digitaler Lösungen bei XXXLutz tippe ich meine Ausbildungsberichte bequem per App. Ich lerne für die Berufsschule und Abschlussprüfung über eine digitale Lernplattform – echt cool!

Wir Azubis haben viele Vorteile, wie Bike Leasing, Personalrabatte bei vielen Marken & Onlineshops, überdurchschnittliche Vergütung, einen Urlaubstag zum Geburtstag geschenkt bekommen u. v. m. Nach der Ausbildung erwarten dich spannende Karrierechancen und Trainings im Fit 4 Future Programm.

Neugierig oder weitere Fragen? Komm zu unserem Stand am 3. und 4. Juni 2025 und lerne meine Kollegen und die spannende Welt eines der größten Möbelhändler der Welt kennen!“

*Lea, Azubi 2. Lehrjahr*

# ZOLL KARRIERE

## Starkes Team. Starke Zukunft.

**ZOLL**
Für eine **Ausbildung** im mittleren Dienst oder ein duales Studium im gehobenen Dienst stehen wir dir an **41 Ausbildungshauptzollämtern** zur Verfügung. Deine **Ansprechperson zum dualen Verwaltungsinformatikstudium mit Bachelor-Abschluss** an verschiedenen Standorten ist die **zentrale Ausbildungsleitung in Münster.**

Alle Informationen dazu findest du unter:
**zoll-karriere.de**

**Ausbildung (m/w/d):**
- Zollbeamter/-in im mittleren Dienst**/***

**Duales Studium mit Bachelor-Abschluss:**
- Verwaltungsinformatiker/in***
- Zollbeamter/-in im gehobenen Dienst***

Genauere Informationen erhältst du bei deinem persönlichen Gespräch auf der vocatium.

**Hier geht es zur Onlinedarstellung**

Wir sind Talentsucher. Deinen Schulabschluss hast du so gut wie in der Tasche. Jetzt bist du auf der Suche nach einem starken Arbeitgeber, der dir viele Perspektiven, eine sinnvolle Aufgabe und eine sichere Zukunft bietet? Dann bewirb dich beim Zoll!

**Wir**
- sind die Wirtschafts- und Einnahmeverwaltung des Bundes,
- bekämpfen organisierte Kriminalität, Schwarzarbeit und illegale Beschäftigung,
- schützen die europäische Industrie, den heimischen Arbeitsmarkt und die öffentliche Sicherheit und Ordnung,
- stehen für Arten-, Umwelt- und Verbraucherschutz,
- sorgen für soziale Gerechtigkeit und
- denken europäisch.

# Internetadressen zur Ausbildungs- und (dualen) Studienwahl

Hier findest du eine bundesweite Übersicht zu vielen verschiedenen Berufen, (dualen) Studiengängen und zum Freiwilligen Jahr. Außerdem stellen wir Internetseiten mit Bewerbungstipps und Fakten zur Arbeitsmarktentwicklung vor. So kannst du dir einen ersten nützlichen Überblick verschaffen.

**Erste Orientierung:**
- www.berufenet.arbeitsagentur.de
- www.berufskunde.de
- www.handwerkskammer.de
- www.planet-beruf.de

**Ausbildungssuche und Lehrstellenbörse:**
- www.arbeitsagentur.de/jobsuche
- www.bildungsserver.de
- www.erfolg-im-beruf.de/suchboerse
- www.gesundheitsberufe.de
- www.handwerk.de/infos-zur-ausbildung
- www.ihk-lehrstellenboerse.de
- www.karriere.de
- www.meinestadt.de/deutschland/lehrstellen
- www.zukunftsindustrie.de

**(Duales) Studium:**
- www.begabungslotse.de
- www.bibb.de/ausbildungplus/de
- www.derberufsberater.de
- www.hochschulkompass.de
- www.hochschulstart.de
- www.studieren.de
- www.studi-info.de
- www.studierendenwerke.de
- www.studienwahl.de
- www.studis-online.de
- www.wegweiser-duales-studium.de

**Freiwilliges Jahr:**
- https://foej.de (Ökologie)
- www.bundesfreiwilligendienst.de
- www.bak-fsj.de
- www.dsj.de (Sport)
- www.freiwillig-ja.de
- www.fsjkultur.de
- www.icja.de (Ausland)
- www.oeko-jahr.de

**Tipps zur Bewerbung:**
- www.absolventa.de
- www.bewerbung.com
- www.bewerbung-tipps.com
- www.karrierebibel.de

**Arbeitsmarktentwicklung und Statistik in verschiedenen Fachgebieten:**
- www.statistik.arbeitsagentur.de

Für die Inhalte von externen Internetseiten wird keine Haftung übernommen. Bild: Freepik
Stand Juli 2024 – Änderungen vorbehalten

# Teil III:

# Akademien/Fachschulen/Gap Year

Auf den folgenden Seiten sind die Ausbildungsberufe und (dualen) Studiengänge mit ihren vorausgesetzten Schulabschlüssen wie folgt gekennzeichnet:

* = Erster Schulabschluss / Hauptschulabschluss
** = Mittlerer Schulabschluss /Realschulabschluss / Werkrealschulabschluss
*** = Abitur / Allgemeine Hochschulreife / Fachhochschulreife

Akademie für
**Kommunikation**
in Baden-Württemberg

# Kreativität macht Schule

**Akademie für Kommunikation Karlsruhe**
Erbprinzenstraße 27 · 76133 Karlsruhe

Tel.: 0721 1805409-0
www.akademie-bw.de/karlsruhe

Ansprechpartner: Bastian Gretenkord
E-Mail: bastian.gretenkord@akademie-bw.de

Weitere Ansprechpartner/in:
Laura Buschbeck und Christoph Fuhrmann

Online bewerben über:

**Technisches Gymnasium:**
- Profil Gestaltungs- und Medientechnik**

**Sozialwissenschaftliches Gymnasium:**
- Profil Soziales**

**Berufskolleg:**
- Grafik-Design**
- Foto- und Medientechnik**
- Produkt-Design**

Kreative Köpfe, kreative Schule. Jeder Mensch entwickelt durch seine Erziehung und Umwelt ganz individuelle Interessen. Schön, wenn man diese Neigungen auch im späteren Berufsleben sinnvoll einsetzen und weiter entfalten kann. Genau an diesem Punkt setzt die Akademie für Kommunikation an. Sie bietet ihren Schülern/-innen neben einer fundierten Ausbildung mit qualifiziertem Abschluss auch besondere Unterrichtsfächer an, die spezielle Interessen berücksichtigen und die Freude am Lernen steigern. Neben den Pflichtfächern Mathematik, Deutsch und Englisch stehen zusätzlich vielfältige, kreative, praxisnahe und berufsbezogene Fächer auf deinem Stundenplan. Deine Talente erleichtern dir deinen Weg zum Schulabschluss und du erhältst zusätzlich wichtige Kompetenzen für deinen späteren Beruf.

An der Akademie für Kommunikation wird großer Wert auf ein angenehmes Lernklima gelegt. Schließlich fördert eine freundliche und vertrauensvolle Atmosphäre den Lernerfolg und die Identifikation mit dem eingeschlagenen Bildungsweg. Die Akademie für Kommunikation ist eine private Einrichtung, die gemeinnützig geführt wird. Alle Schul- und Berufsabschlüsse sind staatlich anerkannt.

BERND BLINDOW GRUPPE

SCHULE
AUSBILDUNG
STUDIUM

# Die Gesundheitsspezialisten in Mannheim, Baden-Baden und Heilbronn


**Bernd Blindow Gruppe**
Bernd-Blindow-Schulen Mannheim
Käfertaler Straße 190 (Physiotherapie)
Käfertaler Straße 258 (PTA und Grafikdesign)
68167 Mannheim
Tel.: 0621 504730 (Physiotherapie)
0621 40172810 (PTA und Grafikdesign)
E-Mail: mannheim@blindow.de

Bernd-Blindow-Schulen Baden-Baden
Laubstraße 24
76530 Baden-Baden
Tel.: 07221 3994960
E-Mail: bad@blindow.de

Bernd-Blindow-Schulen Heilbronn
Allee 6
74072 Heilbronn
Tel.: 07131 6498490
E-Mail: heilbronn@blindow.de

www.blindow.de


**Ausbildung (m/w/d):**
- Ergotherapeut/in**/***
- Grafikdesigner/in**/***
- Logopäde/-in**/***
- Pharmazeutisch-technische/r Assistent/in (PTA)**/***
- Physiotherapeut/in**/***

**Ausbildungsbegleitendes Studium:**
- Ergotherapie (B. Sc.)***
- Logopädie (B. Sc.)***
- Physiotherapie (B. Sc.)***

**Ausbildung und Studium:**
- Kommunikationsdesign (B. A.)***
- Pharmamanagement und Pharmaproduktion (B. Sc.)***

**Duales Studium (online oder im Studienzentrum Mannheim):**
- Heilpädagogik und Inklusive Pädagogik (B. A.)***
- Kindheitspädagogik (B. A.)***
- Soziale Arbeit (B. A.)***

Gesundheit ist unser höchstes Gut! Um jetzt und auch im Alter jederzeit gut versorgt zu sein, benötigen wir qualifizierte Fachkräfte – nicht nur in der Pflege. Deshalb haben sich die Schulen der Bernd Blindow Gruppe in Mannheim, Baden-Baden und Heilbronn auf die Ausbildung in den Gesundheitsfachberufen Physiotherapie, Ergotherapie, Logopädie und Pharmazeutisch-technische Assistenz (PTA) spezialisiert. Kreative Persönlichkeiten sollten die Grafikdesign Ausbildung in Mannheim kennenlernen. Die Ausbildungsdauer beträgt zweieinhalb bis drei Jahre, Voraussetzung ist mindestens der Realschulabschluss. Anmeldungen werden jederzeit angenommen.

Übrigens: Du kannst in manchen Bereichen und an einigen Standorten zusätzlich noch die Fachhochschulreife erwerben. Auch ein ausbildungsbegleitendes Studium an der DIPLOMA Hochschule bieten wir an. Komm jetzt an den Stand der Bernd Blindow Gruppe!

# Carlo Schmid Schule

# Im Zentrum: Du


**Carlo Schmid Schule Karlsruhe / Medizinische Akademie Baden-Baden**
Ohiostraße 5 · 76149 Karlsruhe

Tel.: 0721 921354-10
www.carlo-schmid-schule.de

Ansprechpartnerinnen:
Marta Moriones (Schulsekretariat)
E-Mail: css-karlsruhe@ib.de

Beate Schramm (Schulleiterin)
Verena Katzoreck (Akquise)
Anita Schlechtendahl (Akquise)
Heike Worst (Akquise, Baden Baden)


Beschäftigte: 60
Auszubildende: 550

**Ausbildung (m/w/d):**

- **Sozial- und Gesundheitswissenschaftliches Gymnasium****
  - Profil Soziales
  - Profil Gesundheit
- **Kaufmännisches Berufskolleg****
  - I und II
  - Fremdsprachen
- **Duales Berufskolleg****
  - Fachrichtung Soziales
- **Berufskolleg Fachhochschulreife sozialpädagogische Richtung**** (und abgeschlossenes BKST oder abgeschlossene einschlägige Ausbildung)
- **Berufsfachschule für Wirtschaft***
- **Einstieg in die Erzieherausbildung****
- **Erzieherausbildung mit anschließendem Berufspraktikum***** (oder ** mit Einstieg in die Erzieherausbildung oder 2-jähriges Praktikum oder einschlägige Berufsausbildung)
- **Berufsfachschule für sozialpädagogische Assistenz***
- **Jugend- und Heimerzieherausbildung***** und 6-wöchiges einschlägiges Praktikum (**Abschluss BKST oder 1-jähriges einschlägiges Praktikum)

Deine Bildung liegt uns am Herzen. Darum nehmen wir uns Zeit für Deinen Weg und holen das Beste aus Dir raus. Indem wir Toleranz leben und mit unserem umfassenden pädagogischen Konzept Deine Persönlichkeit stärken und Dir Orientierung geben. Egal ob Vorbereitung auf Deinen Schulabschluss, Studium oder Berufsausbildung: Mit uns entdeckst Du, was in Dir steckt.

Informiere Dich gerne auf unserer Homepage oder nimm ein persönliches Beratungsgespräch in Anspruch.

**Hier geht es zur Onlinedarstellung:**

Education First

EF Education (Deutschland) GmbH
Carl-Theodor-Straße 1
40213 Düsseldorf

Tel.: 0211 68857-000
www.ef.com

Ansprechpartnerin: Verena Schmidt
E-Mail: kontakt@ef.com

efdeutschland

**Beratungsangebot:**

- EF Sprachreisen für Schüler*innen[*/**/***] (Alter: 10 – 18 Jahre / Dauer: 2 – 4 Wochen)
- EF Sprachreisen im Ausland[*/**/***] (Alter: 16+ / Dauer: 2 – 52 Wochen)
- EF Sprachenjahr im Ausland[*/**/***] (Alter: 16+ / Dauer: 6, 9 oder 11 Monate)
- EF High School Exchange Year[*/**/***] (Alter: 14 – 18 Jahre / Dauer: 5, 10 Monate)
- EF Academy – Privatschulen und Internate im Ausland[*/**/***] (Alter: 14 – 19 Jahre / Dauer: 0,5 – 4 Jahre)
- Au-pair[*/**/***] (Alter: 18 – 26 Jahre / Dauer: 12, 18, 19 oder 24 Monate)

**Hier geht es zu unserer Website**

# Mehr als „nur" ein Sprachkurs – entdecke die Welt mit EF!

Eine Sprache lernt man am besten dort, wo sie gesprochen wird. Seit der ersten Schülersprachreise vor mehr als 50 Jahren sind bereits mehrere Millionen Teilnehmer weltweit mit EF in ein anderes Land gereist, haben ihre Fremdsprachenkenntnisse ausgebaut und internationale Freunde kennengelernt.

Egal wie alt du bist, egal in welchem Lebensabschnitt du dich befindest, egal welchen Wunsch du verfolgst – EF bietet dir den perfekten Weg, der dich deinen persönlichen, akademischen oder beruflichen Zielen näherbringt.

Neben Schülersprachreisen beinhaltet das facettenreiche Angebot von EF auch Schüleraustauschprogramme in die USA, UK und Irland, Privatschulen und Internate sowie Gap-Year-Möglichkeiten, wie das EF Sprachenjahr und das Au-pair-Programm. Des Weiteren bietet EF auch Praktika, Sprachreisen für Studierende und Erwachsene an. Ein Auslandsaufenthalt mit EF ist der erste Schritt in Richtung einer internationalen Karriere.

Besuche uns an unserem Messestand oder besuche das EF Büro in deiner Nähe und lass dich kostenlos beraten.

# Das sind wir!

**SRH Fachschulen GmbH**

Standorte: Heidelberg, Karlsruhe, Stuttgart, Frankfurt a. M., Düsseldorf, Leverkusen, Bonn, Bad Bentheim

Tel.: 01525 3653408
E-Mail: info.fs@srh.de
www.srh-fachschulen.de

**Ausbildung (m/w/d):**
- Ergotherapie**/***
- Logopädie**/***
- Physiotherapie**/***

Sozialwesen:
- Diätassistenz**/***
- Erzieher**/***
- Heilerziehungspflege**/***
- Jugend- und Heimerziehung**/***
- Medizinische Dokumentationsassistenz**/***
- Sozialassistenz**/***

Game und Design:
- 3D-Entwicklung**/***
- Cross-Media-Design***
- Informatiker für Game- und Multimediaentwicklung**/***

**Ausbildungsintegrierendes Studium:**
- Logopädie (B. Sc.)***
- Physiotherapie (B.Sc.)***

Deine Zukunft, dein Weg: Gestalte eine Karriere, die zu dir passt! Wir begleiten dich von Anfang an.

Zu unserem überregionalen Netzwerk gehören 25 private Fachschulen in den Bereichen Gesundheit, Soziales, IT und Medien an insgesamt zwölf Standorten in Baden-Württemberg, Hessen, NRW und Niedersachsen.

Möchtest du die Ausbildung oder das Studium näher kennenlernen, bevor du dich dafür entscheidest? Dann melde dich für einen Schnuppertag bei uns an. Dieser öffnet dir die Türen zu spannenden Einblicken in den pulsierenden Schulalltag, echten Erfahrungen und einer Menge Spaß! Kein langweiliges Zuschauen – bei uns kannst du aktiv mitmachen, Fragen stellen und den Vibe unserer Fachschulen spüren.

Schreibe uns auf WhatsApp oder per E-Mail.
01525 3653408 | info.fs@srh.de

**Hier geht es zur Onlinedarstellung**

# Teil IV:

# Hochschulen

vocatium *videochat*

# Bundesweite digitale Berufswahlmesse für Jugendliche+Eltern

## Dienstag, 12. November 2025

15 – 19 Uhr

**Auf unserer vocatium *videochat*-Messe 2025 sind deiner Studien- und Berufswahl keine Grenzen gesetzt: Sprich einfach online mit Ausstellern aus ganz Deutschland und darüber hinaus!**

**Zusätzlich zur vocatium in deiner Region bieten wir dir mit dem vocatium *videochat* eine bundesweite digitale Berufswahlmesse an.**

**Nutze diese Chance:**

- Sprich – bequem von zu Hause aus – persönlich mit Unternehmen und Hochschulen aus ganz Deutschland und dem benachbarten Ausland.
- Übe das digitale Informations-/Vorstellungsgespräch! Immer mehr Unternehmen nutzen diesen Weg im Bewerbungsprozess.
- Du kannst vorab individuelle Gesprächstermine mit den Ausstellern vereinbaren! Die Teilnahme ist natürlich auch spontan möglich.

**Eltern willkommen:**

Wir laden alle Eltern herzlich ein, ihre Kinder bei der Berufswahl zu unterstützen und an der Online-Messe teilzunehmen. Freuen Sie sich auf ein speziell auf Sie zugeschnittenes Vortragsprogramm!

**Die Teilnahme ist kostenfrei.**

Mehr Infos und die Möglichkeit, Gesprächstermine zu vereinbaren, findest du unter **www.vocatium.de/online**

universität freiburg

**Albert-Ludwigs-Universität Freiburg**
Service Center Studium
Sedanstraße 6
79098 Freiburg

Tel.: 0761 203-4246
www.studium.uni-freiburg.de
E-Mail: studium@uni-freiburg.de

**Forschungsstarke Volluniversität**

Über 200 Studiengänge aus den Bereichen:
- Biologie
- Chemie
- Informatik
- Ingenieurwissenschaften
- Mathematik
- Medizin
- Pharmazie
- Philosophie
- Physik
- Psychologie
- Rechtswissenschaften
- Sozialwissenschaften
- Sprachen
- Theologie
- Umwelt und Nachhaltigkeit
- Wirtschaftswissenschaften

Das Herz der Universität: eine der modernsten Universitätsbibliotheken Europas.

# Studieren im sonnigen Dreiländereck: innovativ, interdisziplinär, international

Die Universität Freiburg bietet sowohl ein weites Spektrum moderner Fachwissenschaften als auch zahlreiche interdisziplinäre Studiengänge.

Zahlreiche Landeslehrpreise unterstreichen die innovative Freiburger Lehre. Interdisziplinäre und praxisorientierte Angebote, wie das Studium generale oder Kurse des Zentrums für Schlüsselqualifikationen, ermöglichen den Erwerb berufsrelevanter Kompetenzen.

Bereits während des Studiums kann Verantwortung für gesellschaftliche Herausforderungen in transferorientierten Lehrformaten wie Service Learning oder im Rahmen des Erwerbs des Zertifikats Nachhaltigkeit übernommen werden.

Auslandserfahrungen sind integriert: Mit Eucor und EPICUR können Studierende Lernerfahrungen in acht europäischen Ländern erwerben. Auch weltweit bietet die Universität zahlreiche Austausch- und Partnerprogramme an.

Neugierde und die Freude am Erkenntnisgewinn sind der Kern unserer Universität und sorgen für herausragende Studienbedingungen, etwa in einer der modernsten Bibliotheken Europas.

BUNDESWEHR

# Folge deiner Berufung

## Karriere bei der Bundeswehr.

**Karriereberatung der Bundeswehr**

Tel.: 0800 9800880
(bundesweit kostenfrei)

bundeswehrkarriere.de
karrierekaserne.de

**Über 60 Studiengänge, darunter:**

- Aeronautical Engineering
- BWL
- Cyber-Sicherheit
- Elektrotechnik
- Geschichtswissenschaften
- Informatik
- Luft- und Raumfahrttechnik
- Management & Medien
- Maschinenbau
- Medizin
- Psychologie
- Public Administration
- Rechtswissenschaft für die öffentliche Verwaltung
- Sicherheitstechnik
- Sportwissenschaften
- Wirtschaftsinformatik
- Zahnmedizin

**Über 1.000 militärische und zivile Berufe (m/w/d), darunter:**

- Arzt/Ärztin für Humanmedizin
- Drohnenpilot/in
- Fallschirmjäger/in
- Fluglotse/-in
- Hubschrauberpilot/in
- Ingenieur/in für Luftfahrzeuge
- Ingenieur/in für Schiffstechnik
- IT-Spezialist/in
- Nautische/r Offizier/in
- Panzergrenadier/in
- Personaler/in
- Pionier/in
- Techniker/in
- Technische/r Projektmanager/in

**Starte jetzt in einem von mehr als 60 Studiengängen.**
Ob Soldatin und Soldat, Beamtin und Beamter oder Tarifbeschäftigte: Rund 265.000 Personen setzen sich jeden Tag für die Sicherheit, Souveränität und die außenpolitische Handlungsfähigkeit Deutschlands ein. Um die ebenso vielfältigen wie anspruchsvollen Aufgaben zu bewältigen, erhalten alle unsere Beschäftigten umfassende Aus- und Weiterbildungen sowie die Chance, ihre Potenziale zu entfalten und sich fachlich wie persönlich weiterzuentwickeln.

### STUDIEREN

Mehr als 50 verschiedene Studiengänge dienen deiner Vorbereitung auf eine Karriere als militärische Führungskraft. Weitere 18 duale Studiengänge ermöglichen dir den Einstieg in den gehobenen Dienst als Beamtin bzw. Beamter. Das Studium kannst du entweder an den Universitäten der Bundeswehr in Hamburg und München oder an einer zivilen Hochschule absolvieren und du erhältst auch während des Studiums ein attraktives Gehalt.

### FREIWILLIG

Ohne Studium kannst du dich zum Beispiel auch im Freiwilligen Wehrdienst (FWD) oder dem FWD im Heimatschutz mindestens 7 Monate lang für Sicherheit und Frieden engagieren.

DHBW
Duale Hochschule
Baden-Württemberg
**Karlsruhe**

# Mit dem dualen Studium fit in Theorie und Praxis

**Duale Hochschule**
**Baden-Württemberg Karlsruhe**
Erzbergerstraße 121
76133 Karlsruhe

Tel.: 0721 9735-5
www.karlsruhe.dhbw.de

Bewerberbörse der DHBW Karlsruhe:

Freie Studienplätze bei Partnerunternehmen:

**Duales Studium:**
**Fakultät Technik**
- Elektro- und Informationstechnik (B. Eng.)
- Informatik (B. Sc.)
- Maschinenbau (B. Eng.)
- Mechatronik (B. Eng.)
- Sustainable Science and Technology (B. Eng., B. Sc.)
- Wirtschaftsingenieurwesen (B. Eng.)

**Fakultät Wirtschaft**
- Bank (B. A.)
- Data Science und Künstliche Intelligenz (B. Sc.)
- Digital Business Management (B. A.)
- Digital Commerce Management (B. A.)
- Handel (B. A.)
- Industrie (B. A.)
- Steuern und Prüfungswesen (B. A.)
- Unternehmertum (auch online) (B. A.)
- Versicherung (B. A.)
- Wirtschaftsinformatik (B. Sc.)

**Studienbereich Gesundheit**
- Angewandte Gesundheits- und Pflegewissenschaften (B. Sc.)
- Angewandte Hebammenwissenschaft (B. Sc.)
- Physician Assistant (B. Sc.)

Die Duale Hochschule Baden-Württemberg Karlsruhe ist als innovative Einrichtung im Hochschulbereich aus dem Spektrum der Wissenschaftsstadt Karlsruhe nicht mehr wegzudenken. Sie bietet in der TechnologieRegion zusammen mit national und international agierenden Unternehmen ein vielfältiges Angebot von betriebswirtschaftlichen, technischen, informationstechnischen und gesundheitswissenschaftlichen Studiengängen.

Beim Studium an der DHBW Karlsruhe wechseln sich Theoriephasen an der Hochschule und Praxisphasen im Unternehmen ab. Der intensive Dialog zwischen Professor*innen und Studierenden sorgt für eine persönliche Atmosphäre, bei der das Lernen Spaß macht und der Lernerfolg gesichert ist. Die Studierenden beziehen durchgehend ein Gehalt und sind so finanziell unabhängig. Durch das duale Prinzip sind sie optimal auf ihre spätere Berufstätigkeit vorbereitet. Mehr als acht von zehn der Studierenden haben direkt nach dem Studium einen Job, die meisten davon im Partnerunternehmen.

# Studium und Ausbildung kombinieren

**FOM Hochschule**
Hochschulzentrum Karlsruhe
Zeppelinstraße 7 d
76185 Karlsruhe

Tel.: 0800 1959595 (gebührenfrei)
www.fom.de

E-Mail: studienberatung@fom.de

**Duale Bachelor-Studiengänge:**

- Business Administration (B. A.)
- Gesundheitspsychologie & Medizinpädagogik (B. A.)
- Management im Gesundheitswesen (B. A.)
- Soziale Arbeit (B. A.)
- Wirtschaftspsychologie (B. Sc.)

Bei Ihrem Start ins Berufsleben mit dem dualen Studium an der FOM verknüpfen Sie ein international anerkanntes Bachelor-Studium mit einer Ausbildung im Unternehmen, z. B. aus den Branchen Industrie, Handel, Gesundheit, Recht oder IT. Auch die Kombination aus Studium plus Traineeship, Volontariat oder Praktikum ist möglich an der FOM.

Sie sammeln so schon während Ihres Studiums Berufserfahrungen im Unternehmen und verdienen von Anfang an Ihr eigenes Geld. Ein weiteres Plus: Ihr Arbeitgeber zahlt meistens entweder komplett oder teilweise Ihre Studiengebühren.

Sollten Sie noch keinen Praxis- oder Ausbildungsplatz haben, ist das kein Problem. Sie starten trotzdem schon mit Ihrem dualen Studium und wir unterstützen Sie mit unserem Sonderprogramm „Study into the job“ aktiv bei der Suche nach einem Platz.

**Hier geht es zur Onlinedarstellung:**

Hochschule
für Wirtschaft und Umwelt
Nürtingen-Geislingen

# Selbstverständlich. Nachhaltig. Studieren.

**Hochschule für Wirtschaft und Umwelt Nürtingen-Geislingen**
Neckarsteige 6 - 10
72622 Nürtingen

Tel.: 07022 2010
www.hfwu.de

Studienberatung: IBIS
E-Mail: ibis@hfwu.de
Tel.: 07022 201-493

**Studienangebot:**

- Agrarwirtschaft (B. Sc.)
- Automobil- und Mobilitätswirtschaft (B. Sc.)
- Betriebswirtschaft (B. Sc.)
- Gesundheits- und Tourismusmanagement (B. A.)
- Immobilienwirtschaft (B. Sc.)
- Internationales Finanzmanagement (B. Sc.)
- Kunsttherapie (B. A.)
- Landschaftsarchitektur (B. Eng.)
- Landschaftsplanung und Naturschutz (B. Eng.)
- Nachhaltiges Management – Energiewirtschaft/Produktmanagement/ Ressourcenwirtschaft (B. Sc.)
- Pferdewirtschaft (B. Sc.)
- Stadtplanung (B. Eng.)
- Theatertherapie (B. A.)
- Wirtschaftspsychologie (B. Sc.)
- Wirtschaftsrecht (LL. B.)
- Zukunftsökonomie (B. Sc.)

Die Hochschule für Wirtschaft und Umwelt Nürtingen-Geislingen – oder kurz „HfWU" – bietet eine sehr vielfältige Mischung an Studiengängen an! Neben Wirtschaft und Umwelt gehören auch Angebote aus den Bereichen Recht, Gestaltung, Planung und Therapie zum Profil.

An den beiden Standorten in Nürtingen und Geislingen finden die mehr als 5.000 Studierenden optimale Bedingungen für ein modernes, praxisbezogenes Studium vor. Im direkten Umfeld der Metropolregion Stuttgart pflegt die HfWU enge Kontakte zu internationalen Konzernen, innovativen Mittelständlern und aufstrebenden Start-ups.

Die Hochschule setzt sich seit Jahrzehnten für Nachhaltigkeit ein. Dazu gehört neben Forschung auch, alle Studierenden in diesem Bereich umfassend auszubilden: Module in jedem Studiengang beschäftigen sich mit Nachhaltigkeit in Wirtschaft, Gesellschaft oder Umwelt.

Die HfWU pflegt intensive Austauschbeziehungen zu über 100 Partnerhochschulen weltweit. Fremdsprachige Lehrangebote, Auslandsaufenthalte und ein Gastdozentenprogramm bereiten die Studierenden auf internationale Anforderungen vor.

Hochschule Karlsruhe
University of Applied Sciences
HKA

# Breites Fächerspektrum und praxisorientiertes Studium

**Hochschule Karlsruhe (Die HKA)**
**University of Applied Sciences**
Moltkestraße 30 · 76133 Karlsruhe

Tel.: 0721 925-1088
www.h-ka.de

Ansprechpartnerin: Annette Radke
E-Mail: studienberatung@h-ka.de

Bild: T. Schwerdt

**Bachelor-Studiengänge:**

- Architektur
- Bauingenieurwesen
- Bauingenieurwesen trinational
- Baumanagement und Baubetrieb
- Betriebswirtschaftslehre
- Data Science
- Electrical Engineering and Information Technology (engl.)
- Elektro- und Informationstechnik (Vertiefungen Automatisierungstechnik, Elektromobilität und Autonome Systeme, Energietechnik und Erneuerbare Energien, Informationstechnik, Sensorik)
- Fahrzeugtechnologie
- Geodäsie und Navigation
- Green Technology Management
- Informatik
- Informationsdesign
- Internationales IT Business
- Kommunikation und Medienmanagement
- Künstliche Intelligenz in den Ingenieurwissenschaften
- Maschinenbau
- Mechatronik
- Medieninformatik
- Umweltingenieurwesen (Bau)
- Umwelt- und Geoinformationsmanagement
- Verkehrssystemmanagement
- Wirtschaftsinformatik
- Wirtschaftsingenieurwesen

Die Hochschule Karlsruhe (Die HKA) ist mit ca. 7.000 Studierenden eine der größten und forschungsstärksten Hochschulen für Angewandte Wissenschaften in Baden-Württemberg. Studieninteressierte können aus einem Spektrum von technisch-ingenieurwissenschaftlichen, Informatik- und Wirtschaftsstudiengängen bis hin zu Mediendisziplinen wählen. Absolventen der Hochschule Karlsruhe profitieren beim Einstieg ins Berufsleben von hervorragenden Wirtschaftskontakten und dem Renommee der Hochschule. Vor allem die Praxisnähe zeichnet das Studium aus: Das Praktische Studiensemester ist fester Bestandteil des Curriculums und Abschlussarbeiten werden in der Regel in einem Unternehmen angefertigt. Während dieser Praxisphasen knüpfen viele auch schon Kontakte für den Berufseinstieg nach dem Studium.

Zu vielen weiteren Aspekten wie den internationalen Austauschprogrammen, Doppelabschlüssen, Sprachkursen, Orientierungssemestern und StudiumPLUS beraten wir Sie gerne an unserem Stand oder in unserer Studienberatung.

# Kompetenz in Technik, Wirtschaft und Medien

**Hochschule Offenburg**
Hochschule für Technik, Wirtschaft
und Medien
Badstraße 24 · 77652 Offenburg

Tel.: 0781 2050
www.hs-offenburg.de
E-Mail: studienberatung@hs-offenburg.de

**Bachelor-Studiengänge:**
- Angewandte Informatik
- Angewandte Künstliche Intelligenz
- Betriebswirtschaft
- Biomechanik
- Biotechnologie
- Digital Health
- Digital Public Management and Consulting (geplant ab WiSe 26/27)
- Elektrotechnik/Informationstechnik
- Elektrotechnik/Informationstechnik 3nat
- Elektrotechnik/Informationstechnik PLUS Pädagogik
- International Management Logistics
- Maschinenbau
- Mechatronik PLUS Pädagogik
- Mechatronik und Autonome Systeme
- Mediengestaltung und Produktion
- Medientechnik/Wirtschaft PLUS Pädagogik
- medien und kommunikation
- Medizintechnik
- Nachhaltige Energiesysteme
- Umwelttechnologie
- Unternehmens- und IT-Sicherheit
- Virtuelle Welten und Game Technologies
- Wirtschaftsinformatik
- Wirtschaftsinformatik PLUS Pädagogik
- Wirtschaftsingenieurwesen
- Wirtschaftspsychologie

Einstiegssemester startING
Studium PLUS:
Studium+Ausbildung/+Trainee
Studium PLUS:
Studium+Pädagogik

Sie tüfteln an Motoren und Solarzellen, programmieren fußballspielende Roboter, drehen Filme, entwickeln Videospiele und sorgen dafür, dass Container von Venezuela nach Hamburg transportiert werden: Die angehenden Ingenieur*innen der Hochschule Offenburg arbeiten in den Bereichen Technik, Wirtschaft und Medien, wo ihr Wissen mehr als gefragt ist.

Rund 3.700 junge Menschen aus dem In- und Ausland studieren an den beiden Standorten in Offenburg und Gengenbach. In vier Fakultäten stehen 26 Bachelor- und 24 Masterstudiengänge zur Auswahl. Die Offenburger Studierenden können an mehr als 80 Partnerhochschulen weltweit Auslandserfahrung sammeln.

Die Entwicklung der Studiengänge orientiert sich stark am Bedarf der Wirtschaft in der Region. Gerade für die mittelständischen Unternehmen am südlichen Oberrhein ist die Hochschule eine zentrale Anlaufstelle, um qualifizierten Fach- und Führungsnachwuchs ins Unternehmen zu holen.

HS PF

# Führend durch Perspektivenwechsel

**Hochschule Pforzheim – Gestaltung, Technik, Wirtschaft und Recht**
Tiefenbronner Straße 65 · 75175 Pforzheim

Tel.: 07231 286132
E-Mail: zsb@hs-pforzheim.de
www.hs-pforzheim.de

**Fakultät für Gestaltung**
- Accessoire Design
- Industrial Design
- Mode
- Schmuck
- Transportation Design
- Visuelle Kommunikation

**Fakultät für Technik**
- Allgemeiner Maschinenbau
- Produktentwicklung u. Technisches Design
- Biomechanik und Engineering
- Angewandte Informatik
- Angewandte Mathematik
- Elektrotechnik/Informationstechnik
- Künstliche Intelligenz
- Mechatronik
- Medizintechnik
- Wirtschaftsingenieurwesen
  - Technik und Management
  - International Management
  - Innovation und Design
  - Circular Economy and Engineering
  - Intelligent Mobility

**Fakultät für Wirtschaft und Recht**
- BBA/Digital Business Management
- BBA/International Business
- BBA/International Marketing
- BWL/Controlling, Accounting und Finanzmanagement
- BWL/Einkauf, Logistik und Supply Chain Management
- BWL/Konsumentenpsychologie und Marktforschung
- BWL/Marketing
- BWL/Marketingkommunikation und Digital Marketing
- BWL/Media Management und Digital Media
- BWL/Nachhaltigkeit u. Ressourceneffizienz
- BWL/Personalmanagement
- BWL/Steuern und Wirtschaftsprüfung
- BWL/Wirtschaftsinformatik
- Wirtschaftsrecht

Mit unserem breit gefächerten Studienprogramm der drei Fakultäten für Gestaltung, Technik sowie Wirtschaft und Recht bieten wir, die Hochschule Pforzheim (HS PF), ein umfassendes Wissensspektrum und viel Raum für Entwicklung. Mit rund 6.000 Studierenden, 190 Professorinnen und Professoren sowie rund 300 Lehrbeauftragten sind wir eine der größten Hochschulen in Baden-Württemberg.

Unsere Absolventen profitieren durch die zukunftsorientierte und praxisnahe Ausrichtung und sind so optimal auf die digitale Arbeitswelt vorbereitet. Business, Design, Engineering – unsere drei Fakultäten der HS PF bilden gemeinsam eine enorme fachliche Bandbreite mit mehr als 50 Studiengängen. Wir haben uns bei Forschung und Lehre einer Mission verschrieben: Interdisziplinarität, Verantwortung, Internationalität, persönliche Förderung, Praxisnähe und Innovation. Unter Verantwortung verstehen wir, die Zukunft nachhaltig zu gestalten.

Egal, für welchen Studiengang sich Bewerber entscheiden: Ein Studium an unserer Hochschule Pforzheim lohnt sich. Zahlreiche Rankings belegen, dass wir zu den besten Hochschulen zählen – was unsere Absolventen zu gefragten Fachkräften macht.

# Studieren in der Nibelungenstadt – Gründe für ein Studium an der Hochschule Worms

**Hochschule Worms**
Erenburgerstraße 19 · 67549 Worms

Studierendenservice
Tel.: 06241 509-180
E-Mail: zsb@hs-worms.de

www.studiereninworms.de

© Samira Schulz

**Fachbereich Informatik**
- Angewandte Informatik (B. Sc.)[1]
- Wirtschaftsinformatik (B. Sc.)[1]

**Fachbereich Touristik/Verkehrswesen**
- Air Traffic Management (engl.-sprachig) (dual, B. Sc.)
- Aviation Management (engl.-sprachig) (B. A.)[1]
- Aviation Management & Piloting (dual, B. Sc.)
- Tourism and Travel Management (B. A.)[1]

**Fachbereich Wirtschaftswissenschaften**
- Digital Business Management (B. A.)[1]
- Digital Marketing (B. A.)
- Handels- und Vertriebsmanagement (B. A.)[1]
- International Business mit Logistik und Außenwirtschaft (B. A.)[1]
- International Management (B. A.)[1]
- Steuerlehre (B. A.)[1]

[1] Auch dual.

**Hier geht es zur Onlinedarstellung**

Die Hochschule Worms ist eine branchenorientierte Campushochschule mit rund 3.500 Studierenden in den Fachbereichen Informatik, Touristik/Verkehrswesen und Wirtschaftswissenschaften.

Sehr gute Betreuungsrelationen, ein konsequenter Praxisbezug im Studienangebot, internationale Studienmöglichkeiten sowie eine große Zahl an Kooperationen mit namhaften Unternehmen und internationalen Hochschulen eröffnen unseren Absolventinnen und Absolventen chancenreiche Karrieremöglichkeiten.

Die ausgeprägte Internationalität mit englischsprachigen Bachelor- und Masterstudiengängen sowie Optionen für ein Auslandssemester/-praktikum im gesamten Studienangebot erweitern die fachlichen und persönlichen Fähigkeiten. Neben den modernen Studienbedingungen bietet unsere Hochschule mit dem dualen Studienangebot ein wissenschaftliches Studium, bei dem Theorie und Praxis eng miteinander verzahnt sind.

Die günstige Lage zwischen der Metropolregion Rhein-Neckar und dem Rhein-Main-Gebiet macht Worms zu einem idealen Studienstandort – klassisch und dual.

# Duales Studium an der iba – studiere, wie es zu dir passt

**iba | Internationale Berufsakademie der F+U Unternehmensgruppe gGmbH**
Campus Heidelberg
Mittermaierstraße 31 · 69115 Heidelberg

Tel.: 06221 7050-200
ibaDual.com/Heidelberg
E-Mail: heidelberg@ibadual.com

**Duales Bachelorstudium:**

- BWL und BWL Interkulturelle Kompetenzen[1] in je 20 Spezialisierungen (B. A.)
  - Changemanagement
  - Digital Business Management
  - Finanzdienstleistungen
  - Fitness- & Bewegungsmanagement
  - Gastronomiemanagement
  - Gesundheitsmanagement
  - Hotelmanagement
  - Immobilienmanagement
  - Innovationsmanagement
  - Lieferkettenmanagement & Logistik
  - Marketing & Digitale Medien
  - Personalmanagement
  - Qualitäts- & Nachhaltigkeitsmanagement
  - Salesmanagement
  - Sportmanagement
  - Steuern
  - Tourismusmanagement
  - Veranstaltungsmanagement
  - Versicherungen
  - Wirtschaftsprüfung
- Soziale Arbeit & Management und Soziale Arbeit, Management & Coaching (B. A.)
- Physiotherapie (B. Sc.)

[1] Der Studiengang „BWL Internationales Management" wird vorbehaltlich der erfolgreichen Reakkreditierung und der staatlichen Anerkennung durch das hessische Ministerium für Wissenschaft und Kunst ab dem SoSe 2025 mit dem hier vorgestellten überarbeiteten Curriculum angeboten und trägt dann die Bezeichnung „BWL Interkulturelle Kompetenzen".

Du willst nicht nur studieren, sondern gleichzeitig wertvolle Praxiserfahrung sammeln? Dann bist du im dualen Studium an der iba genau richtig. An zwei festen Tagen in der Woche verbringst du an einem der zwölf Studienorte deutschlandweit oder an unserem virtuellen Campus deine Vorlesungen, an den drei anderen Tagen geht's raus in deinen Praxisbetrieb. So werden theoretische Ausbildung und praktische Erfahrung vom ersten Semester an verbunden. Nach dem Studium hast du dann nicht nur einen Bachelorabschluss, sondern auch noch eine Menge Berufserfahrung.

Im Management durchstarten? Oder im sozialen Bereich Verantwortung übernehmen oder im Gesundheitssektor arbeiten? Egal ob BWL (auch mit interkulturellen Kompetenzen) in verschiedenen Spezialisierungen, Soziale Arbeit, Management & Coaching oder Gesundheit & Therapie – mit über 40 verschiedenen Studienprogrammen bietet die iba auch für dich den richtigen Studienang an.

Die iba überzeugt außerdem durch ihre modernen Studienorte und ihre familiäre Atmosphäre: Die persönliche und individuelle Betreuung auf dem Weg von deiner Bewerbung bis zum Abschluss wird ganz großgeschrieben.

INTERNATIONALE HOCHSCHULE

# DEINE ZUKUNFT BEGINNT JETZT. STUDIERE DUAL ODER IM MYSTUDIUM.

Abi fertig und keinen Plan, was danach kommt? We got you! An der IU Internationalen Hochschule kannst Du praxisnah Dein Wunschstudium absolvieren. Bei uns zählt Deine Motivation und nicht Dein Notendurchschnitt. Du hast die Wahl! Du kannst im dualen Studium direkt in Deine Karriere starten oder maximale Flexibilität im myStudium genießen. Wähle aus über 35 Standorten deutschlandweit Deinen Wunschstandort oder entscheide Dich für unseren virtuellen Campus.


**IU Internationale Hochschule GmbH**

**Duales Studium**
Tel.: 0800 60016167
WhatsApp: 01573 5993218
E-Mail: info-dualesstudium@iu.org

**www.iu-dualesstudium.de**

**myStudium**
Tel.: 030 31193789
WhatsApp: 01573 5980895
E-Mail: info-mystudium@iu.org

**www.iu.de/mystudium**


**myStudium-Studiengänge:**

- Agrarmanagement (B. Sc.)
- Bauingenieurwesen (B. Eng.)
- Betriebswirtschaftslehre (B. A.)
- Digitale Transformation (B. A.)
- E-Commerce (B. A.)
- Elektrotechnik (B. Eng.)
- Eventmanagement (B. A.)
- Fitnessökonomie (B. A.)
- Game Design (B. A.)
- Gesundheitsmanagement (B. A.)
- Immobilienwirtschaft (B. A.)
- Kindheitspädagogik (B. A.)
- Marketing (B. A.)
- Mediendesign (B. A.)
- Medienmanagement (B. A.)
- Modemanagement (B. A.)
- Online Marketing (B. A.)
- Personalmanagement (B. A.)
- Psychologie (B. A.)
- Public Relations und Kommunikation (B. A.)
- Soziale Arbeit (B. A.)
- Sportmanagement (B. A.)
- Tourismusmanagement (B. A.)
- Wirtschaftsinformatik (B. Sc.)
- Wirtschaftsingenieurwesen
  - Industrie 4.0 (B. Eng.)
- Wirtschaftspsychologie (B. Sc.)

**Duale Studiengänge:**

- Architektur (B. A.)
- Bauingenieurwesen (B. Eng.)
- Betriebswirtschaftslehre (B. A.)
  - verschiedene Schwerpunkte möglich
- Digitale Transformation (B. A.)
- E-Commerce (B. A.)
- Elektrotechnik (B. Eng.)
- Food Management (B. A.)
- Gesundheitsmanagement (B. A.)
- Immobilienwirtschaft (B. A.)
- Informatik (B. Sc.)
- Kindheitspädagogik (B. A.)
- Marketing (B. A.)
- Mediendesign (B. A.)
- Online Marketing (B. A.)
- Personalmanagement (B. A.)
- Public Relations und Kommunikation (B. A.)
- Soziale Arbeit (B. A.)
- Tourismusmanagement (B. A.)
- Wirtschaftsinformatik (B. Sc.)
- Wirtschaftsingenieurwesen
  - Industrie 4.0 (B. Eng.)
  - Management (B. Eng.)
- Wirtschaftspsychologie (B. Sc.)

**Die Studienangebote können je nach Campus variieren.**

# Typische Fragen im Messe- oder Vorstellungsgespräch

Die Aussteller der vocatium-Messen helfen dir gern bei der Berufswahl und beantworten deine Fragen. Gleichzeitig nehmen sie an der Messe teil, um die passenden Auszubildenden oder Studierenden zu finden. Sie wollen dich kennenlernen. Stelle dich daher auf Fragen ein, die die Aussteller an dich richten. Es sind oftmals ähnliche Fragen wie in Vorstellungsgesprächen.

**Hier eine Auswahl möglicher Fragen, auf die du Antworten parat haben solltest:**
**Zum Gesprächseinstieg (sog. „Eisbrecher"):**
- Hast du gut zu uns gefunden? Wie bist du angereist?
- Bist du aufgeregt?
- Magst du etwas trinken? (eher im Vorstellungsgespräch als auf der Messe)

**Über den Aussteller:**
- Warum hast du dich bei uns beworben?
- Was weißt du denn schon über uns?
- Ist es dir wichtig, in welchem Unternehmen du die Ausbildung machst bzw. an welcher Hochschule du studierst? Wenn ja, warum und was hat einen hohen Stellenwert für dich?

**Über die Ausbildung / das Studium / die Berufswahl:**
- Was stellst du dir unter dem Beruf vor? Wie könnte ein typischer Arbeitstag aussehen?
- Warum entscheidest du dich für eine Ausbildung und nicht für ein Studium?
- Was möchtest du nach der Ausbildung bzw. dem (dualen) Studium machen?

**Über deine Schullaufbahn / erste Erfahrungen:**
- Gehst du gern zur Schule? / Bist du gern zur Schule gegangen?
- Was sind/waren deine Lieblingsfächer und warum?
- Hast du schon Erfahrung in dem Bereich gemacht? Erzähle mal davon.
- Hast du überlegt die Schule fortzusetzen? Wenn nein, warum nicht?

**Über deine Persönlichkeit:**
- Erzähle doch mal kurz etwas über dich!
- Wie würden dich deine Freunde beschreiben?
- Hast du Hobbys? Wenn ja, welche?
- Was sind deine Stärken/Schwächen? Was macht dir besonders viel Freude?
- Arbeitest/Lernst du lieber allein oder zusammen in einer Gruppe?
- Wann warst du schon mal so richtig stolz auf dich?
- Wie gehst du mit Situationen um, die dich herausfordern?
- Gibt es etwas, das dich richtig aus der Ruhe bringen kann?
- Warum sollten wir uns für dich entscheiden?

Stand Mai 2024 – Änderungen vorbehalten

**Karlshochschule**
International University

# Die Karlshochschule – die etwas andere Hochschule

**Karlshochschule**
**International University**
Karlstraße 36 – 38 · 76133 Karlsruhe

Tel.: 0721 48095-0
www.karlshochschule.de

Admissions Service
E-Mail: admissions@karlshochschule.de

**Bachelorstudiengänge:**

- International Business (International Marketing)
- International Business (Intercultural, Diverse and Inclusive Management)
- International Business (Sustainability)
- Management (Digital Management)
- Management (Communication Management)
- Management (Arts and Cultural Management)
- Politics, Philosophy & Economics
- International Relations (Global Security)
- International Relations (Human Rights & International Law)
- International Relations (Development Studies)
- Politics (Political Communication)
- Politics (Activism and Political Change)
- Politics (Sustainable Development)
- Business Psychology (Work, Organisation and Personnel Psychology)
- Business Psychology (Market, Media & Consumer Psychology)
- Business Psychology (Digital Transformation and Artificial Intelligence)

**Masterstudiengänge:**
www.karlshochschule.de/de/master

Die 650 Studierenden aus 70 Ländern suchen gemeinsam an der Karlshochschule nach Lösungen für globale Herausforderungen in Wirtschaft, Politik und Gesellschaft. Mithilfe alternativer Denk- und Lehransätze bringt die staatlich anerkannte private Hochschule weltoffene und motivierte Menschen zusammen. Werte wie Nachhaltigkeit, globale Gerechtigkeit, Interkulturalität und Diversität werden hier gelebt.

Angeboten werden Bachelor- und Masterstudiengänge in den Bereichen Wirtschaft, Politik, Psychologie, Kultur und Philosophie. Das Studium an der mehrfach ausgezeichneten Hochschule hebt sich ab durch seine interaktive Lehre, kleine Lerngruppen, individuelle Betreuung und praktische Projekte. Mit ausschließlich englischsprachigen Studiengängen versteht sich die Karls zudem als interkultureller Begegnungsraum, der eine kritische Perspektive fördert. Unsere Studiengänge mit integrierten Praktika und Auslandssemestern machen die Studierenden fit für Jobs in allen Bereichen der Gesellschaft, damit sie dort unsere Welt verändern können.

**Hier geht es zur Onlinedarstellung**

University of Education
Pädagogische Hochschule
**karlsruhe**

# Forschen – Leben – Bilden

**Pädagogische Hochschule Karlsruhe**
Bismarckstraße 10 · 76133 Karlsruhe

Tel.: 0721 925-3
www.ph-karlsruhe.de

Ansprechpartner: Nicolas Huss
E-Mail: nicolas.huss@vw.ph-karlsruhe.de

Für Informationen zu Bewerbung und Zulassung wenden Sie sich bitte an unser Studien-Service-Zentrum:

SSZ Pädagogische Hochschule Karlsruhe:
Tel.: 0721 925-4444
E-Mail: ssz.helpdesk@vw.ph-karlsruhe.de
Instagram @ssz_ph_karlsruhe

**Lehramtsstudiengänge (Bachelor):**
- Lehramt
  - Grundschule (B. A.)***
  - Sekundarstufe I (B. A.)***

**Weitere Schwerpunktstudiengänge (Bachelor):**
- Kindheitspädagogik (B. A.)***
- Sport - Gesundheit - Freizeitbildung (B. A.)***

Für den Studiengang Kindheitspädagogik ist ein Hochschulzugang auch mit Fachhochschulreife möglich.

Eine fundierte Ausbildung für Lehrerinnen und Lehrer, Studiengänge für andere Bildungsbereiche sowie professionelle Weiterbildungsangebote machen uns zu einem wichtigen bildungswissenschaftlichen Zentrum in Baden-Württemberg.

Mit unseren 3.700 Studierenden und rund 220 in der Forschung Tätigen sind wir ein unverzichtbarer Bestandteil des Wissenschaftsstandorts Karlsruhe, an dem neun Hochschulen und 26 Forschungseinrichtungen eng vernetzt zusammenarbeiten.

Traumberuf Lehrerin/Lehrer? Bei uns werden die Studiengänge Lehramt Grundschule (Klasse 1 – 4) und Sekundarstufe I (Klasse 5 – 10) angeboten.

Im Lehramtsstudium sind Praxis und Theorie eng verzahnt, sodass Sie fachdidaktisch, pädagogisch und fachwissenschaftlich ideal auf den Lehrberuf vorbereitet werden.

Arbeiten mit Kindern? Der Bachelorstudiengang Kindheitspädagogik qualifiziert für die professionelle Arbeit im Feld der Bildung, Betreuung und Erziehung von Kindern im Alter von 0 bis 12 Jahren.

Gesund und fit? Der Bachelorstudiengang Sport-Gesundheit-Freizeitbildung vermittelt Kompetenzen für komplexe Anforderungen in verschiedenen Berufsfeldern.

# Dein Weg.
# Dein Studium.

**SRH Hochschulen**
Tel.: 06221 6799-799

Campus Heidelberg
E-Mail: studyinheidelberg@srh.de
www.srh-hochschule-heidelberg.de

Campus Stuttgart
E-Mail: studyinstuttgart@srh.de
www.srh-campus-stuttgart.de

Übrigens: In Heidelberg und Stuttgart gibt es auf dem Campus Studentenunterkünfte.

**Bachelor-Studiengänge Campus Heidelberg**

- Architektur[1]
- Betriebswirtschaftslehre[1]
- Business Engineering (engl.)[1]
- Berufspädagogik für Gesundheit – Pflege / Therapie[1]
- Climate Change Management & Engineering[1, 2]
- Elektrotechnik (dt. + engl.)[1]
- Ergotherapie[1]
- Game Design[1]
- Game Development & Virtual Reality[1]
- Immobilien und Facilitliy Mgt.[1]
- International Business (engl.)[1]
- Maschinenbau (dt. + engl.)[1]
- Medien- und Kommunikationsmgt.[1]
- Musiktherapie[1]
- Physiotherapie[1]
- Psychologie[1]
- Soziale Arbeit[1, 2]
- Wirtschaftsinformatik[1]
- Wirtschaftsingenieurwesen[1]
- Wirtschaftsrecht[1]

**Bachelor-Studiengänge Campus Stuttgart:**

- Applied Mechatronic Systems Schwerpunkt Automotive (engl.)[1]
- Medizinpädagogik[2]
- Logopädie[3]
- Physiotherapie[3]
- Psychologie Schwerpunkt Wirtschaftspsychologie[1]

1 Vollzeit, 2 berufsbegleitend/dual, 3 ausbildungsintegrierend

An der SRH stehen dir über 60 zukunftsweisende, marktorientierte Bachelor-Studiengänge zur Wahl. Egal ob du dich z. B. für Psychologie, Soziale Arbeit, Betriebswirtschaft oder Architektur in Heidelberg, Stuttgart oder einem der 20 Campus entscheidest, du stehst bei uns im Mittelpunkt. So ist es nicht verwunderlich, dass 90 % unserer Studierenden ihr Studium erfolgreich abschließen (Bundesdurchschnitt 70 % /Quelle: FAZ).

Was ist das Besondere? Das CORE-Prinzip, unser Studienmodell. Frontalunterricht gibt es nicht. Du studierst in 5-Wochen-Blöcken, bearbeitest Aufgaben und findest Lösungen in kleinen Teams. Die Wissensabfrage erfolgt direkt, geballte Prüfungsphasen vermeiden wir.

www.srh-hochschulen.de

# Checkliste mit Tipps für deinen erfolgreichen Messebesuch

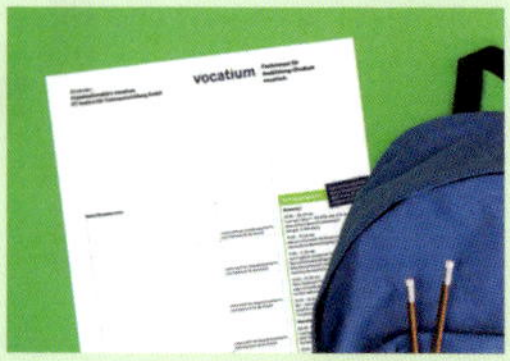

**Vor der vocatium Karlsruhe am 3. und 4.06.2025:**

- ☐ persönliche Einladung mit Terminen erhalten
  *Terminabsagen an p.moser@if-talent.de bis spätestens 26. Mai 2025*

- ☐ über Aussteller informiert
  *Firmenhomepage, Berufsbilder: www.berufskunde.com und berufenet.de*

- ☐ Fragen überlegt und notiert
  *z. B. zu Voraussetzungen, Bewerbungsverfahren, Aufstiegschancen*

- ☐ alles eingepackt
  *Einladung, vorbereitete Fragen, evtl. Bewerbung, Block und Stift*

**Tipps für den Messebesuch:**

→ **Der erste Eindruck zählt!** Rechtzeitig und in angemessener Kleidung erscheinen.

→ **Tief ein- und ausatmen vor deinen Terminen!** Sprich die Aussteller deiner Termine an – du wirst erwartet! Falls du erkrankst, bitte eine/n Mitschüler/in oder Lehrer/in, dich zu entschuldigen.

→ **Gesprächstermin auf der Einladung unterschreiben lassen!** So kannst du deinen vocatium-Messebesuch in der Schule nachweisen.

→ **Nachweis für deinen guten ersten Eindruck:** Hast du in deinem Gespräch überzeugt, honorieren die Aussteller dies mit einem vocatium-Zertifikat. Das ist eine Auszeichnung und du kannst damit in deiner Bewerbungsmappe punkten. (Kriterien: Seite **13/14**)

→ **Zeit zwischen den Terminen?** Nutze sie sinnvoll und informiere dich in Vorträgen. (siehe Aushang auf der Messe)

→ **Spontane Chancen nutzen!** Natürlich kannst du die Aussteller auch spontan ansprechen. Trau dich, du kannst nur dazulernen.

**Nach der vocatium Karlsruhe am 3. und 4.06.2025:**

- ☐ Unterlagen sortiert und Notizen nachgearbeitet.

- ☐ Beim Wunschaussteller beworben und eine Übersicht der Bewerbungen erstellt:
  Wann bei wem zu welchem Beruf beworben? *Tipp: Beziehe dich in deinem Bewerbungsanschreiben auf dein vocatium-Gespräch!*

Bild: Freepik

# Universität Basel

# Educating Talents since 1460

**Universität Basel**
Petersplatz 1 · 4001 Basel
Schweiz

www.unibas.ch

Ansprechpartnerin: Claudia Cadalbert
E-Mail: claudia.cadalbert@unibas.ch

Die Universität Basel ist eine Hochschule, welche in Forschung und Lehre hervorragende Leistungen erbringt. Gegründet 1460, kann sie als älteste Universität der Schweiz auf eine über 550-jährige erfolgreiche Geschichte zurückblicken.

Als Volluniversität mit einem breiten, qualitativ hochstehenden Bildungsangebot zieht sie Studierende aus der Schweiz und der ganzen Welt an und bietet ihnen ausgezeichnete Studienbedingungen. Heute zählt die Universität Basel rund 13.000 Studierende aus über hundert Nationen.

In ihren sieben Fakultäten pflegt die Universität Basel ein breites Spektrum an wissenschaftlichen Fachbereichen. Aufgrund ihrer Forschungsleistungen wird die Universität Basel in internationalen Rankings regelmäßig zu den 100 besten Hochschulen der Welt gezählt.

**Theologische Fakultät**
- Theologie

**Juristische Fakultät**
- Rechtswissenschaft

**Medizinische Fakultät**
- Humanmedizin
- Sport, Bewegung und Gesundheit
- Zahnmedizin

**Philosophisch-historische Fakultät**
- Altertumswissenschaften
- Deutsche Philologie
- Englisch
- Ethnologie
- Französistik
- Geschichte
- Geschlechterforschung
- Hispanistik
- Italianistik
- Jüdische Studien
- Kulturanthropologie
- Kunstgeschichte
- Medienwissenschaft
- Musikwissenschaft
- Nahoststudien
- Nordistik
- Osteuropa-Studien
- Osteuropäische Kulturen
- Philosophie
- Politikwissenschaften
- Religionswissenschaften
- Soziologie

**Philosophisch-Naturwissenschaftliche Fakultät**
- Biologie
- Chemie
- Computational Sciences
- Computer Science/Informatik
- Geographie
- Geowissenschaften
- Mathematik
- Nanowissenschaften
- Pharmazeutische Wissenschaften
- Physik
- Prähistorische und Naturwissenschaftliche Archäologie

**Wirtschaftswissenschaftliche Fakultät**
- Wirtschaftswissenschaften

**Fakultät für Psychologie**
- Psychologie

# Übersicht aller Beratungsangebote (m/w/d) – Auszug
## Ausbildungsangebote

**Ausbildungsangebote**


3D-Entwicklung ... 88
Anästhesietechnische/r Assistent/in ... 73
Anlagenmechaniker/in ... 33, 52
– Sanitär-, Heizungs- und Klimatechnik ... 41
Bankkaufmann/-frau ... 78
– IT-Systemmanagement ... 78
Baugeräteführer/in ... 41
Bauzeichner/in ... 49
– Architektur ... 79
Beamter/-in
– Feuerwehr (mittlerer technischer Dienst) ... 35
– mittlerer nichttechnischer Dienst ... 35
Berufskraftfahrer/in ... 35, 39, 45
Bestattungsfachkraft ... 74
Betonbauer/in ... 35
Bodenleger/in ... 52
Chemielaborant/in ... 35, 37, 48, 70
Chemikant/in ... 65
Cross-Media-Design ... 88
Diätassistent/in ... 88
Drogist/in ... 44
Elektroniker/in ... 33, 74
– Betriebstechnik ... 30, 35, 41 ... 44, 47, 53, 75
– Geräte und Systeme ... 35, 47, 71
Elektro- und Informationstechnik ... 58
Ergotherapeut/in ... 85, 88
Erzieherausbildung ... 86
Erzieher/in ... 56, 74, 88
Fachangestellte/r
– Bäderbetriebe ... 74
– Medien- und Informationsdienste ... 74
Fachinformatiker/in ... 33, 35, 67
– Anwendungsentwicklung ... 31, 44 ... 61, 71, 75
– Daten- und Prozessanalyse ... 44, 61 ... 62, 65, 75
– Digitale Vernetzung ... 75
Fachinformatiker/in
– Systemintegration ... 31, 43, 44, 55, 58 ... 61, 62, 63, 75, 79, 116
Fachkraft
– Fahrbetrieb ... 41
– Gastronomie ... 19, 80
– Küche ... 19
– Lagerlogistik ... 33, 36, 37, 39, 44, 45 ... 46, 47, 50, 53, 64, 65, 70, 71, 80
– Lebensmitteltechnik ... 45
– Metalltechnik ... 50
– Möbel-, Küchen- und Montageservice 46
– Möbel-, Küchen- und Umzugsservice ... 80
Fachlagerist/in ... 39, 44, 46, 50, 64, 65
+ Berufskraftfahrer/in (Ausbildung 2+2) 39
Fachmann/-frau
– Restaurants und Veranstaltungsgastronomie ... 19, 59
– Systemgastronomie ... 19
Feinwerkmechaniker/in ... 33, 35, 74
Finanzwirt/in ... 49
Fleischer/in ... 45
Fliesenleger/in ... 52
Fluggerätelektroniker/in ... 35
Fluggerätmechaniker/in ... 35
Fluglotse/-in ... 43
Forstwirt/in ... 74
Gärtner/in ... 74
Geomatiker/in ... 35, 62, 74
Gerüstbauer/in ... 33
Gesundheits- und Krankenpflegehilfe ... 73
Gewerblich-technische Berufe ... 57
Gleisbauer/in ... 41
Grafikdesigner/in ... 85
Handelsfachwirt/in ... 40, 66, 80
Heilerziehungspfleger/in ... 88
Hörakustiker/in ... 54
Hotelfachmann/-frau ... 19, 59
– mit Zusatzqualifikation ... 59
Immobilienassistent/in ... 78
Industrieelektriker/in ... 41

# Übersicht aller Beratungsangebote (m/w/d) – Auszug
## Ausbildungsangebote


Industrie-Isolierer/in ... 33
Industriekaufmann/-frau ... 33, 47, 50 ... 53, 67, 70, 79
– Zusatzqualifikation Internationales Marketing ... 70
Industriemechaniker/in ... 33, 36 ... 41, 47, 50, 53
– Instandhaltung ... 30
Informatiker/in ... 58
– Game- und Multimediaentwicklung ... 88
IT-Berufe ... 57
IT-Systemelektroniker/in ... 35, 41
Jugend- und Heimerzieher/in ... 74, 88
Justizfachangestellte/r ... 28
Kaufmann/-frau
– Büromanagement ... 33, 35, 39, 42, 43 ... 44, 49, 65, 73, 76, 80, 116
– Dialogmarketing ... 29, 44
– Digitalisierungsmanagement ... 37, 47
– Einzelhandel ... 40, 46, 64, 80
– Groß- und Außenhandelsmanagement ... 37, 65
– Hotelmanagement ... 19
– IT-Systemmanagement ... 75
– Lebensmittelhandel ... 66
– Marketingkommunikation ... 44
– Spedition und Logistikdienstleistung ... 33 ... 35, 38, 39
– Verkehrsservice ... 41
– Versicherungen und Finanzanlagen ... 27, 76
Kaufmännische Berufe ... 57
Kaufmännische/r Assistent/in ... 35
Kfz-Mechatroniker/in ... 33, 35, 69, 74
Koch/Köchin ... 19, 35, 41, 59, 80
Konstruktionsmechaniker/in ... 33
Logistik
– inkl. Logistikmeister/in (Abiturientenprogramm) ... 64
Logopäde/-in ... 85, 88
Lokführer/in ... 41
Maler/in und Lackierer/in ... 52
Maschinen- und Anlagenführer/in ... 65
– Druckweiter- und Papierverarbeitung ... 31
– Metall- und Kunststofftechnik ... 32
Maurer/in ... 52
Mechatroniker/in ... 30, 33, 35, 41, 44 ... 45, 47, 53, 58, 65, 67, 71
– Kältetechnik ... 41
Medizinische/r Fachangestellte/r ... 35, 73
Medizinische/r Technologe/-in ... 35
Medizintechniker/in ... 35
Metallbauer/in ... 33
Naturwissenschaftliche Berufe ... 57
Notfallsanitäter/in ... 35
Operationstechnische/r Assistent/in ... 73
Personaldienstleistungskaufmann/-frau ... 33 ... 44
Pflegefachmann/-frau ... 35, 51, 73
Pflegehelfer/in ... 51
Pharmakant/in ... 70
Pharmazeutisch-kaufmännische/r Angestellte/r ... 35
Pharmazeutisch-technische/r Assistent/in ... 85
Physiotherapeut/in ... 85, 88
Polizeivollzugsdienst
– mittlerer Dienst ... 34, 68
Privates Vermögensmanagement ... 78
Raumausstatter/in ... 80
Rechtsanwaltsfachangestellte/r ... 23
Restaurantfachmann/-frau
– im FHG-Model ... 59
Soldat/in auf Zeit und Ausbildung
– gewerbliche Berufe ... 35
– kaufmännische Berufe ... 35
– medizinische Berufe ... 35
– technische Berufe ... 35
Sozialassistent/in ... 56, 88
Sozialversicherungsfachangestellte/r ... 29, 42
Straßenbauer/in ... 74
Straßenwärter/in ... 62

# Übersicht aller Beratungsangebote (m/w/d) – Auszug
## Ausbildungsangebote, duale Studiengänge


Sustainable Science and Technology
– Strahlenschutz ... 58
Technische/r Produktdesigner/in ... 33, 47
Technische/r Systemplaner/in ... 49
– elektrotechnische Systeme ... 41
– Versorgungs- und Ausrüstungstechnik 79
Tierpfleger/in ... 74
Tischler/in ... 69
Trockenbaumonteur/in ... 52
Umwelttechnologe/-in ... 74
Veranstaltungskaufmann/-frau ... 59, 116
Verfahrensmechaniker/in ... 33
– Asphalttechnik ... 32
– Glastechnik ... 30
Verkäufer/in ... 40, 64, 66
Vermessungstechniker/in ... 35, 41, 62
Vertrieb
– inkl. Handelsfachwirt/in (Abiturientenprogramm) ... 64
Verwaltungsfachangestellte/r ... 35, 61 ... 62, 74
Verwaltungswirt/in ... 62, 74
Zahnmedizinische/r Fachangestellte/r ... 22 ... 35
Zerspanungsmechaniker/in ... 33, 47, 53
Zollbeamter/-in im mittleren Dienst ... 81
Zugverkehrssteuerer/-in ... 41


**Duale Studienangebote**


Accounting & Controlling ... 33
Air Traffic Management ... 43
Air Traffic Management (engl.-sprachig) 99
Architektur ... 101
Aviation Management (engl.-sprachig) ... 99
Aviation Management & Piloting ... 99
Bank ... 93
Bauingenieurwesen ... 41, 52, 101
– Öffentliches Bauen ... 49, 62
– Projektmanagement
  – Hochbau ... 44, 79
– Umwelt, Verkehr, Wasser ... 62
Beamter/-in
– gehobener nichttechnischer Dienst ... 92
– gehobener technischer Dienst ... 92
Betriebswirtschaft/-slehre (BWL) ... 47 ... 101, 116
– Bank ... 63, 78
– Business Administration
  – Health Care Management ... 29
– Changemanagement ... 100
– Controlling & Consulting ... 44
– Digital Business Management ... 44, 69 ... 75, 100
– Digital Commerce Management ... 44
– Finanzdienstleistungen ... 100
– Fitness- & Bewegungsmanagement ... 100
– Gastronomiemanagement ... 100
– Gesundheitsmanagement ... 100
– Handel ... 37, 66
  – Filiale ... 44
    – Zentrale ... 44
– Handelsmanagement ... 40
– Handwerk ... 52
– Hotelmanagement ... 100
– Immobilienmanagement ... 100
– Industrie ... 53, 70
  – Industrial Management ... 65
  – Supply Chain Management ... 37, 44
– Innovationsmanagement ... 100
– Lieferkettenmanagement und Logistik ... 100
– Marketing & Digitale Medien ... 100
– Personalmanagement ... 100
– Qualitäts- & Nachhaltigkeitsmanagement ... 100
– Salesmanagement ... 100
– Spedition, Transport und Logistik 39, 65
– Spedition und Logistik ... 44
– Sportmanagement ... 100
– Steuern ... 100
– Technical Management/ Wertstoffmanagement und Recycling ... 62

# Übersicht aller Beratungsangebote (m/w/d) – Auszug
## Duale Studienangebote


Betriebswirtschaft/-slehre (BWL)
– Tourismus, Hotellerie und Gastronomie ... 19
– Tourismusmanagement ... 100
– Veranstaltungsmanagement ... 100
– Versicherungen ... 77, 100
– Warenwirtschaft und Logistik
– Verteilzentrum ... 44
– Wirtschaftsprüfung ... 100
Business Administration ... 94
Climate Change Management & Engineering ... 62, 105
Cyber Secrurity ... 31, 49
Data Sciences und Künstliche Intelligenz ... 31, 45, 49, 71, 77, 93
Digital Business Management ... 72, 93, 99
Digital Commerce Management ... 93
Digitales Verwaltungsmanagement ... 42, 62 ... 69, 74
Digitale Transformation ... 101
Diplom-Rechtspfleger/in ... 28
E-Commerce ... 101
Elektrotechnik ... 33, 41, 47, 53, 72, 101
– Elektrische Energietechnik ... 49
– Energie- und Umwelttechnik ... 75
Elektro- und Informationstechnik ... 67, 71, 75, 92, 93
Ergotherapie ... 85
Ernährungs- u. Lebensmittelwissenschaften
– Lebensmittel ... 45
Facilitymanagement ... 44
Finanzverwaltung ... 49
Flugsicherungsingenieur/in ... 43
Food Management ... 101
Gerichtsvollzieher/in ... 28
Gesundheitsmanagement ... 101
Gesundheitspsychologie & Medizinpädagogik ... 94
Gesundheits- und Pflegewissenschaften (angewandt) ... 73, 93
Handel ... 64, 93
Handels- und Vertriebsmanagement ... 99
Hebammenwissenschaft (angewandt) ... 93
Heilpädagogik und Inklusive Pädagogik 85
Hotelmanagement ... 59
Immobilienwirtschaft ... 101
Industrie ... 93
Industrie-BWL / Industrial Management 47
Informatik (angewandt) ... 31, 43, 44, 47 ... 49, 63, 69, 71, 72 ... 75, 79, 92, 93, 99, 101
– Cyber Security ... 44
– Informationstechnik ... 44, 67
– Internationaler Frauenstudiengang ... 92
– Künstliche Intelligenz ... 44, 49
Informatik (technisch) ... 47, 92
Informationstechnik ... 31, 53
Informationstechnologie ... 47
Ingenieursausbildung (kooperativ) ... 33
Ingenieurwesen ... 92
Ingenieurwissenschaft (nachhaltig)
– für Anlagen ... 33
International Business ... 33
International Business mit Logistik und Außenwirtschaft ... 99
International Management ... 99
IT ... 66
Kindheitspädagogik ... 56, 85, 101
Kommunikationsdesign ... 85
Logistik ... 38, 64
Logopädie ... 85, 88, 105
Luftfahrzeugtechnik ... 92
Luft- und Raumfahrttechnik ... 92
Luftverkehrsmanagement ... 43
Management im Gesundheitswesen ... 94
Marinetechnik ... 92
Marketing ... 101
Maschinenbau ... 47, 50, 53, 93
– Kunststofftechnik ... 53
– Versorgungs- und Energiemanagement 49
Maschinenbau (allgemein) ... 92

# Übersicht aller Beratungsangebote (m/w/d) – Auszug

## (Duale) Studienangebote

Mechatronik 47, 67, 92, 93
Mediendesign 101
Medizinpädagogik 105
Online Marketing 101
Personalmanagement 44, 101
Pharmamanagement
und Pharmaproduktion 85
Physician Assistant 93
Physiotherapie 85, 88, 100, 105
Polizeivollzugsdienst
– gehobener Dienst 34, 68
Projektmanagement IT
(Wirtschaftsinformatik) 79
Public Administration 92
Public Management 62, 74
Public Relations und Kommunikation 101
Rechtswissenschaft für die öffentliche
Verwaltung 92
Rentenversicherung 42
RSW-BStUF
– Zentrale 44
Soziale Arbeit 74, 85, 94, 101, 105
– Gesundheitswesen 29
– Jugend-, Familien- und Sozialhilfe 62
– Menschen mit Behinderung 62
Soziale Arbeit & Management 100
Soziale Arbeit, Management &
Coaching 100
Sozialpädagogik 56
Sozialwirtschaft 62
Steuerlehre 99
Steuern und Prüfungswesen 93
Sustainable Management 44
Sustainable Science and Technology 62
71, 93
– Arbeitssicherheit 65
Tourism and Travel Management 99
Tourismusmanagement 101
Unternehmertum (auch Online) 93
VEMA DUAL 76
Verfahrenstechnik 33
Versicherung 27, 93
Verwaltungsinformatik 81
Wirtschaftsinformatik 33, 42, 49, 63
69, 93, 99, 101
– Bussiness Engineering 44
– Data Science
und Künstliche Intelligenz 44
– IT-Business Analyst 31
– Sales & Consulting 31, 44, 77
– Software Engineering 31, 44, 77
Wirtschaftsinformatik international 65
Wirtschaftsingenieurwesen 41, 47, 53, 93
– Facilitymanagement 44
– Facility Management 52
– Industrie 4.0 101
– Management 101
Wirtschaftspsychologie 94, 101
Zollbeamter/-in im gehobenen Dienst 81

**Studienangebote**

Accessoire Design 98
Agrarmanagement 101
Agrarwirtschaft 95
Altertumswissenschaften 107
Applied Mechatronic Systems
– Automotive (engl.) 105
Architektur 96, 105
Automobil- und Mobilitätswirtschaft 95
Aviation Management (engl.-sprachig) 99
Bauingenieurwesen 96, 101
– trinational 96
Baumanagement und Baubetrieb 96
Berufspädagogik für Gesundheit Pflege /
Therapie 105
Betriebswirtschaft/-slehre (BWL) 95, 96
97, 101, 105
– verschiedene Schwerpunkte 98
Biologie 91, 107
Biomechanik 97
Biomechanik und Engineering 98
Biotechnologie 97

# Übersicht aller Beratungsangebote (m/w/d) – Auszug
## Studienangebote


Business Engineering (engl.) ................ 105
Business Psychology
– Digital Transformation
and Artificial Intelligence ................ 103
– Market, Media &
Consumer Psychology ................ 103
– Work, Organisation and
Personnel Psychology ................ 103
Chemie ................ 91, 107
Climate Change Management &
Engineering ................ 105
Computational Sciences ................ 107
Computer Science/Informatik ................ 107
Data Science ................ 96
Deutsche Philologie ................ 107
Digital Business Management ................ 98, 99
Digitale Transformation ................ 101
Digital Health ................ 97
Digital Marketing ................ 99
Digital Public Management
and Consulting ................ 97
E-Commerce ................ 101
Electrical Engineering
and Information Technology ................ 96
Elektrotechnik ................ 101, 105
Elektro- und Informationstechnik ................ 96
................ 97, 98
Englisch ................ 107
Ergotherapie ................ 105
Ethnologie ................ 107
Eventmanagement ................ 101
Fahrzeugtechnologie ................ 96
Fitnessökonomie ................ 101
Französistik ................ 107
Game Design ................ 101, 105
Game Development & Virtual Reality 105
Geistes- und Sozialwissenschaften ................ 57
Geodäsie und Navigation ................ 96
Geographie ................ 107
Geowissenschaften ................ 107
Geschichte ................ 107
Geschlechterforschung ................ 107
Gesundheitsmanagement ................ 101
Gesundheits-
und Tourismusmanagement ................ 95
Green Technology Management ................ 96
Handels- und Vertriebsmanagement ................ 99
Hispanistik ................ 107
Humanmedizin ................ 107
Immobilien und Facility Management ... 105
Immobilienwirtschaft ................ 95, 101
Industrial Design ................ 98
Informatik (angewandt) ................ 55, 91, 96
................ 97, 98, 99
Informationsdesign ................ 96
Ingenieurwissenschaften ................ 57, 91
International Business ................ 98, 105
– Intercultural, Diverse and
Inclusive Management ................ 103
– International Marketing ................ 103
– Logistik und Außenwirtschaft ................ 99
– Sustainability ................ 103
Internationales Finanzmanagement ................ 95
Internationales IT Business ................ 96
International Management ................ 99
International Management Logistics ................ 97
International Marketing ................ 98
International Relations
– Development Studies ................ 103
– Global Security ................ 103
– Human Rights & International Law ... 103
Italianistik ................ 107
Jüdische Studien ................ 107
Kindheitspädagogik ................ 101, 104
Kommunikation
und Medienmanagement ................ 96
Kulturanthropologie ................ 107
Kunstgeschichte ................ 107
Künstliche Intelligenz (angewandt) .... 97, 98
– Ingenieurwissenschaften ................ 96
Kunsttherapie ................ 95
Landschaftsarchitektur ................ 95

# Übersicht aller Beratungsangebote (m/w/d) – Auszug
## Studienangebote


Landschaftsplanung und Naturschutz...... 95
Lehramt ........ 57
– Grundschule........ 104
– Sekundarstufe I ........ 104
Management
– Arts and Cultural Management ......... 103
– Communication Management .......... 103
– Digital Management ........ 103
Marketing ........ 101
Maschinenbau........ 96, 97, 98, 105
Mathematik (angewandt) ........ 91, 98, 107
Mechatronik........ 96, 97, 98
Mediendesign........ 101
Mediengestaltung und Produktion ......... 97
Medieninformatik ........ 96
Medienmanagement........ 101
Medientechnik/
Wirtschaft PLUS Pädagogik ........ 97
medien und kommunikation........ 97
Medien-
und Kommunikationsmanagement ....... 105
Medienwissenschaft........ 107
Medizin........ 91
Medizintechnik ........ 97, 98
Mode ........ 98
Modemanagement........ 101
Musiktherapie ........ 105
Musikwissenschaft........ 107
Nachhaltige Energiesysteme ........ 97
Nachhaltiges Management
– Energiewirtschaft/Produktmanagement/
Ressourcenwirtschaft ........ 95
Nahoststudien ........ 107
Nanowissenschaften ........ 107
Naturwissenschaften........ 57
Nordistik........ 107
Online Marketing ........ 101
Osteuropäische Kulturen........ 107
Osteuropa-Studien ........ 107
Personalmanagement........ 101
Pferdewirtschaft ........ 95
Pharmazeutische Wissenschaften .......... 107
Pharmazie ........ 91
Philosophie ........ 91, 107
Physik ........ 91, 107
Politics
– Activism and Political Change........... 103
– Philosophy & Economics........ 103
– Political Communication ........ 103
– Sustainable Development ........ 103
Politikwissenschaften........ 107
Prähistorische und
Naturwissenschaftliche Archäologie....... 107
Produktentwicklung
und Technisches Design ........ 98
Psychologie........ 91, 101, 107
– Wirtschaftspsychologie........ 105
Public Relations und Kommunikation 101
Rechtswissenschaften........ 91, 107
Religionswissenschaften........ 107
Schmuck ........ 98
Soldat/in auf Zeit und Studium
(+ ggf. Fliegerischer Dienst)
– Aeronautical Engineering ........ 92
– Bauingenieurwesen und
Umweltwissenschaften........ 92
– Betriebswirtschaftslehre ........ 92
– Bildungs-
und Erziehungswissenschaften........ 92
– Digital Engineering........ 92
– Digital Science ........ 92
– Geschichtswissenschaften ........ 92
– Humanmedizin ........ 92
– Human Resources Management........ 92
– Informatik........ 92
– Informatik (technisch) und
Kommunikationstechnik........ 92
– Kulturwissenschaften........ 92
– Logistik ........ 92
– Luft- und Raumfahrttechnik ........ 92
– Management und Medien ........ 92
– Maschinenbau........ 92

# Übersicht aller Beratungsangebote (m/w/d) – Auszug
## Studienangebote, sonstige Beratungsangebote


Soldat/in auf Zeit und Studium (+ ggf. Fliegerischer Dienst)
– Mathematical Engineering ... 92
– Pharmazie ... 92
– Politikwissenschaften ... 92
– Psychologie ... 92
– Sportwissenschaften ... 92
– Staats- und Sozialwissenschaften ... 92
– Veterinärmedizin ... 92
– Volkwirtschaftslehre ... 92
– Wirtschaftsinformatik ... 92
– Wirtschaftsingenieurwesen ... 92
– Wirtschafts- und Organisationswissenschaften ... 92
– Zahnmedizin ... 92
Soziale Arbeit ... 101, 105
Sozialwissenschaften ... 91
Soziologie ... 107
Sport, Bewegung und Gesundheit ... 107
Sport – Gesundheit – Freizeitbildung ... 104
Sportmanagement ... 101
Sprachen ... 91
Stadtplanung ... 95
Steuerlehre ... 99
Theatertherapie ... 95
Theologie ... 91, 107
Tourism and Travel Management ... 99
Tourismusmanagement ... 101
Transportation Design ... 98
Umweltingenieurwesen (Bau) ... 96
Umwelttechnologie ... 97
Umwelt- und Geoinformationsmanagement ... 96
Umwelt und Nachhaltigkeit ... 91
Unternehmens- und IT-Sicherheit ... 97
Verkehrssystemmanagement ... 96
Virtuelle Welten und Game Technologies ... 97
Visuelle Kommunikation ... 98
Wirtschaftsinformatik ... 55, 96, 97, 99, 101, 105
Wirtschaftsinformatik
– PLUS Pädagogik ... 97
Wirtschaftsingenieurwesen ... 96, 97, 98, 105
– Industrie 4.0 ... 101
Wirtschaftspsychologie ... 95, 97, 101
Wirtschaftsrecht ... 95, 98, 105
Wirtschaftswissenschaften ... 57, 91, 107
Zahnmedizin ... 107
Zukunftsökonomie ... 95


**Sonstige Beratungsangebote**


Abiturientenprogramm
– Handelsfachwirt/in ... 66, 80
– Logistik ... 64
– Vertrieb ... 64
Anpassungsqualifizierungen
– verschiedene Bereiche ... 50
Au-pair ... 87
Ausbildungsberatung ... 20
Berufsfachschule für sozialpädagogische Assistenz ... 86
Berufsfachschule für Wirtschaft ... 86
Berufskolleg
– Foto- und Medientechnik ... 84
– Grafik-Design ... 84
– Produkt-Design ... 84
– Sozialpädagogische Richtung ... 86
Duales Berufskolleg
– Soziales ... 86
Einstiegssemester startING ... 97
Erzieherausbildung ... 86
Förderfähige Umschulungen
– Industriemechaniker (IHK) ... 50
– Maschinen- und Anlagenführer/in (IHK) ... 50
Freiwilliger Wehrdienst ... 35
– Heimatschutz ... 35
Freiwilliges Soziales Jahr ... 62
High School Exchange Year ... 87
Jugend- und Heimerzieherausbildung ... 86

# Übersicht aller Beratungsangebote (m/w/d) – Auszug
## Sonstige Beratungsangebote

Kaufmännisches Berufskolleg ............. 86
Privatschulen und
Internate im Ausland ......................... 87
Soldat/in auf Zeit
– mit vorhandener Berufsausbildung .. 35
– ohne Berufsausbildung .................... 35
Sozial- und Gesundheitswissenschaftliches Gymnasium
– Profil Gesundheit ............................ 86
– Profil Soziales ................................. 86
Sozialwissenschaftliches Gymnasium
– Soziales ........................................... 84
Sprachkurse im Ausland ..................... 87
Sprachreisen für Schüler/innen ........... 87
Sprachreisen im Ausland ..................... 87
Studium PLUS
– Studium+Ausbildung/+Trainee/
+Pädagogik ..................................... 97
Technisches Gymnasium
– Gestaltungs- und Medientechnik ..... 84
Weiterführende Schule ....................... 86

IfT Institut für Talententwicklung

**IfT Institut für Talententwicklung Süd GmbH**
Hanns-Schwindt-Straße 11 · 81829 München

www.erfolg-im-beruf.de

Projektleiter vocatium Karlsruhe:
Philipp Moser
Tel.: 0721 14598623
E-Mail: p.moser@if-talent.de

Beschäftigte:
bundesweit 220 (Unternehmensgruppe)

**Ausbildung (m/w/d)** (Standorte auf Anfrage):
- Fachinformatiker/in für Systemintegration***
- Kaufmann/-frau für Büromanagement***
- Veranstaltungskaufmann/-frau***

**Duales Studium:**
- Betriebswirtschaftslehre (B. A.)***

Das IfT Institut für Talententwicklung agiert als Wegbereiter für die berufliche Zukunft. Die Windrose als Unternehmenslogo steht für Orientierung und symbolisiert das Anliegen, jungen Menschen vielfältige Berufswege aufzuzeigen. Das IfT bringt sie dafür mit Ausbildungsbetrieben und/oder Fach- und Hochschulen in Kontakt.

**Das Aufgabenspektrum des IfT umfasst:**
- rund 80 vocatium-Fachmessen für Ausbildung+Studium,
- eine zentrale bundesweite vocatium *videochat*-Messe,
- 9 parentum-Berufswahlmessen für Eltern+Jugendliche.

**Dazu gehörend bieten wir u. a.:**
- berufswahl- und talentfördernde Workshops und Vorträge,
- das digitale Informationsforum vocatium *magazin* mit Mediathek (Videos und Podcasts) und Suchbörse mit 4.000 Aussteller-Profilen,
- Publikationen zur Berufswahl (Print + online).